KB206698

담화표지란 무엇인가

이 연구는 한국외국어대학교 교원연구지원사업 지원에 의하여 이루어진 것임

담화표지란 무엇인가

서경희 지음

글로벌콘텐츠

제6장 제언

머리말

"The little words that matter!" "하찮아 보이지만 (의사소통에) 중요한 말들"인 담화표지를 30여 년간 연구해오고 또한 대학원 세미나를 통해서 강의를 거듭해 온 필자가 이번에 『담화표지란 무엇인가』를 출판하게 되었다.

담화표지는 통사적 측면에서는 그 위치를 정의/예측하기 어렵다는 점 또는 문장의 명제적 의미에 별로 기여하지 않는다는 점에서 형식언어학에서는 연구의 대상이 되지 않았고, 종종 '하찮은 단편적 표현(little fragments)'으로 간주되어 온 것이 사실이다. 그러나 1970년대에 들어서서 일상대화를 중심으로 구어에 대한 관심이 고조되면서, 구어에서 빈번하게 사용되는 담화표지에 대한 연구가 활발하게 진행되게 되었다. 담화분석과 사회언어학 전공인 필자 또한 영어 담화표지와 우리말 담화표지에 대한 연구를 수행해 왔고, 담화표지를 주제로 하는 석사 및 박사 학위 논문들을 다수 지도해 오고 있다. 이번에 『담화표지란 무엇인가』를 통해서 전반적으로 담화표지에 대한 이해를 도모하면서 필자가 그동안 출판한 논문들을 소개하는 방식으로 전개하고자 한다.

이 책에서 필자는 담화표지의 정의로부터 시작하여 담화표지의 특성 및 기능을 살펴보고, 이어서 그동안 출판되었던 기존 연구들을 토대로 하여, 일상대화에서 영어 담화표지가 어떻게 쓰이는지를 구체적인 구어 담화자료 맥락에서 제시하였다. 여기에는 담화표지의 사회적 의미를 탐구한 *whatever*와 Valspeak에서의 담화표지 *like*와 *totally*의 분석도 포함되어 있다. 그리고 이어서 일상담화뿐만이 아니라 제도담화 맥락에서 담화표지가 어떻게 쓰이는지와 관련하여, 위기협상상황에서 담화표지 *I mean*과 *well*이 어떻게 쓰이고 있는지를 소개하였다.

이 책은 담화표지를 처음 접하는 대학생과 대학원생들뿐만 아니라 담화표지에 대한 연구를 하고 있는 학자들에게 유용하게 쓰일 것으로 기대한다. 담화표지에 대한 이해 및 실제 연구 사례를 자세한 구어 담화 맥락과 함께 제시함으로써 학생들이 책을 읽어가면서 각각의 제시된 맥락에서 담화표지가 어떻게 쓰였는지를 스스로 분석해볼 수 있는 기회로서도 활용할 수 있기를 바란다.

2024년 가을
저자 서경희

제1장

서론

Chapter 01
서론[1]

1970년대 문장의 단위를 넘어선 담화에 대한 관심, 특히 구어(일상대화)에 대한 관심이 고조되면서 구어에서 빈번히 관찰되는 *well, oh, you know, ok, I mean, anyway*와 같은 불변화사(particles), 감탄사, 부사 혹은 구들의 담화 속에서의 기능을 규명하고 이해하려는 시도가 있어 왔다. 형식언어학적 시각에서 본다면 이러한 표현들은 문장구조에서 비교적 자유로운 위치에 나타나며 통사적 위치를 예측하기 어렵다는 점, 특히 문장의 명제적 의미에는 별로 기여하지 않는다는 점에서 연구의 대상이 되지 않았고 종종 '하찮은 단편적 표현(little fragments)'으로 간주되어 온 것이 사실이다. 그러나 담화분석 및 대화분석 분야에서는 이

---

1   1장은 저자가 기술한 담화표지(2016)(현대 영어학 총서: 담화분석)의 4장을 참고하였음을 밝혀둔다.

러한 특정한 범주에 속하는 표현들의 기능이나 역할을 밝혀내려는 연구가 이루어져 왔다.

담화표지 연구의 대표적인 경우로는 Schiffrin(1987)을 들 수 있다. Schiffrin은 영어에서 몇 가지 불변화사(particles)와 감탄사, 부사들이 담화의 원활한 진행을 돕는 것으로 파악하고 그러한 범주에 속하는 표현들을 담화표지(discourse marker)라고 부르고 있다. 담화표지(Jucker & Ziv 1998; Schiffrin 1987)란 용어도 사실은 통일된 것이 아니라, 화용표지(pragmatic marker)(Brinton 1996; Fraser 1996; Anderson 2001), 화용불변화사(pragmatic particle)(Östman 1995), 담화불변화사(discourse particle)(Schourup 1985; Hansen 1998; Aijmer 2002) 등 다양한 명칭으로 쓰이기도 하고 이러한 용어들이 서로 자유롭게 호환되어 쓰이기도 한다. 또한 그 다양한 명칭만큼이나 그 접근방법이나 이론 틀들도 다양하다고 할 수 있고 사실 어떤 요소를 담화표지로 할 것인지 혹은 그것들의 주요 기능이 무엇인지에 대해서도 합의가 이루어지지 않은 상태이다. 본고에서는 이러한 다양한 용어를 통칭하는 표현으로서 '담화표지'라는 용어를 쓰기로 한다.

제2장

담화표지란 무엇인가

Chapter 02

담화표지란 무엇인가

1. 담화표지의 정의

　담화표지에 대한 정의는 학자마다 다르고 또한 해당 담화표지의 어떤 기능을 주요한 것으로 간주하느냐에 따라서도 정의가 달라진다고 할 수 있다. 담화표지의 어떤 기능에 중점을 두는가에 따라서 다음과 같이 크게 5가지로 분류될 수 있는데 다음은 각각의 분류에 해당되는 담화표지의 정의를 정리하고 있다(Brinton 1996: 30-31 참조).

　1. 대부분의 학자들은 담화표지의 주요 기능은 어떤 발화와 그 이전 발화와의 관계를 표시해주는 것이라고 하였다. 즉, 담화표지란 (1) 한 담화요소의 관련성이 다른 담화요소에 얼마나 의존적인지를 보여주는 것이다(Blakemore 1987: 125). (2) 어떤 발화가 바로 이전 문맥과 어떤 관련

이 있는지를 나타내는 표지로서 그 주요 기능은 앞으로 나올 발화가 바로 이전의 담화맥락과 가지는 특정한 연계에 청자의 주의를 집중시키는 것이다(Redeker 1990: 1168). (3) 순차적인 담화의 관계를 나타내는 화용적 표지로서 화자가 말하려는 메시지를 이전의 담화와 어떻게 연결시키는지를 설명해주는 화용적 기능을 가진다(Fraser 1988: 21). (4) 말의 단위를 묶는, 순차적으로 의존하는 요소(Schiffrin 1987: 31)이다.

2. 어떤 학자들은 담화표지의 주요기능을 구조적인 측면에서 파악하였다. 즉, 담화표지란 (1) 대화에서 수위변화(shift of level)를 도입하거나 청자로 하여금 다음 말차례를 준비시킬 때 사용되는 일종의 신호이다(Keller 1979: 220). (2) 화자로 하여금 자신이 전하려는 메시지를 여러 개의 정보단위로 나누도록 도와주는 표현으로서 결과적으로 청자로 하여금 그 정보단위를 해석하는 과정에서 도움을 주는 데에 사용되는 표현이다(Erman 1987: 146).

3. 담화표지는 응답 신호로 간주된다. 즉, 담화표지는 영어에서 대화자가 마음속에 가지고 있는 숨겨진 생각과 실제로 표현된 언어표현 사이를 조정하는 일종의 관례화된 응답을 형성한다(Schourup 1985: 3). (2) 담화표지를 포함하고 있는 발화가 이전 담화의 어떤 부분에 대한 응답인지 또는 연속인지를 나타낸다(Levinson 1983: 88).

4. 담화표지는 또한 대화의 연속성을 성취하는 수단이기도 하다. 즉, 담화표지는 대화에서의 잠재적인 공백(potential gap)을 메우는 관례

적인 방식으로서 그 결과로 대화참여자들은 공백이 사실상 없다고 여기게 된다(Edmondson 1981: 154). (2) 담화표지는 담화의 연속성을 유지하기 위하여 사용된다(Crystal & Davy 1975: 88-91). (3) 담화표지는 (대화사이의) 침묵을 채워주고 화자가 무엇을 말할 것인지 정리하는 동안에 화자의 말할 권리를 유지해준다.

5. 담화표지는 "본질적으로 상호작용적"이다(Stubbs 1983: 70). 즉, 담화표지란 (1) 의사소통 행위를 현재 진행 중인 발화에 대한 화자의 태도에 (함축적으로) 연결시켜 준다(Östman 1981: 5; 1982: 152). (2) 대화자들 사이에 대인적 관계를 확립하고 유지하는 데에 사용되는 매체이다. (3)이전 담화에 대한 화자의 반응 또는 앞으로 진행될 담화에 대한 화자의 태도를 나타내는 주관성 표지기능과 청자와의 관계, 공손, 친밀감 등을 나타내는 상호주관성 표지기능을 가진다(Brinton 1996: 31).

이상에서 정리된 바와 같이 담화표지는 말의 내용과 결합하여 사회적, 상호작용적 의미를 제공하고 또 담화에서의 연속적 관계(sequential relationship)를 해석하는 데에 기여한다고 할 수 있다. 다음 장에서는 이처럼 다양한 정의를 가지고 있는 담화표지에 속하는 표현에는 무엇이 있으며 담화표지의 구체적인 특성은 무엇인지 살펴본다.

2. 담화표지의 다양성

앞서 다양한 담화표지의 정의에 대하여 살펴보았는데 정의가 다양한 만큼 현대 영어에 있어서 담화표지에 속하는 언어표현들의 목록에 있어서도 합의가 이루어지지 않고 있다.[2] 즉, 어떻게 담화표지를 정의하느냐에 따라 담화표지목록이 달라질 것이기 때문이다. 대부분의 학자들은 담화표지에 속하는 대표적인 예들을 나열해놓고 있는 것이 사실이다. 예를 들면 Keller & Warner(1979)는 500여개에 달하는 담화표지를 나열해놓고 있으나 Keller & Warner가 지적하였듯이 새로운 표현들이 담화표지의 범주에 들어올 수 있으므로 완전한 목록 작성은 불가능하다고 할 수 있겠다. 이와는 대조적으로 Fraser(1988: 26-27, 1990: 388-392)는 담화표지에 속하는 멤버쉽을 많이 제한하는 편에 속한다. 즉, *oh*의 경우 감탄사이기 때문에 제외시키고 또한 *because*는 종속절을 나타내는 내용이라고 제외시키고 있다. 뿐만 아니라 흔히들 담화표지의 대표적 멤버로서 여겨지는 *y'know*와 *I mean* 또한 화자의 유대감(a speaker attitude of solidarity)을 표시하는 분리된 발화이기 때문에 담화표지에서 제외시켜야 된다고 주장한다. Östman(1982: 153)의 경우에도 멤버쉽을 제한하는 편이다. 양상(aspect)을 나타내는 불변화사(just, now, too)와 접속불변화사(but) 그리고 양태부사(I suppose, maybe)를 담화표지에서 제

---

2 담화표지의 멤버쉽을 결정하기 어려운 점에 대하여 Parrot(2002: 302)은 다음과 같이 지적하였다. "there is no universally agreed way of classifying discourse markers; nor is there an exhaustive inventory of them."

외하고 있다. Levinson(1983: 87-8)은 해당발화가 이전발화와의 관계를 표시하는 것을 담화표지라고 정의하고 그 예로서 문두에 쓰이는 *but, therefore, in conclusion, to the contrary, still, however, anyway, well, besides, actually, all in all, so, after all* 등을 제시하였다.

Brinton(1996: 32)은 담화표지(화용불변화사로 명명된)의 목록에 대한 부분적인 합의점을 찾는 과정에서 어떤 표지가 비교적 학자들의 관심의 대상이 되었는지의 여부에 따라 다음과 같은 목록을 제시하였다.

현대영어에서의 담화표지 목록

ah	if	right/all right/that's right
actually	I mean/think	so
after all	just	say
almost	like	sort of/kind of
and	mind you	then
and (stuff, things) like that	moreover	therefore
anyway	now	uh huh
basically	oh	well
because	o.k	yes/no
but	or	you know(y'know)
go'say'	really	you see

3. 담화표지의 특성

앞서 논의된 바와 같이 어떠한 요소를 담화표지로 할 것인지 또한 담화표지의 정의나 기능은 무엇인지에 관하여 아직 완전한 합의가 이루어지지 않은 상태라고 볼 수 있다. 그럼에도 불구하고 담화표지의 공통된 특성으로 거론되는 것들에 대해서는 크게 이론의 여지가 없는 것 같다.

Hölker(1991: 78-79)는 담화표지[3]의 특성을 크게 네 가지로 제시하였다. 담화표지는 (1) 발화의 진리 조건성(truth conditions) 결정에 영향을 미치지 않는다. (2) 발화의 명제적 내용(propositional contents)에 영향을 주지 않는다. (3) 발화자체가 아니라 발화상황과 관련되어 있다. (4) 지시적(referential), 외연적(denotative), 인지적 기능보다는 감성적, 표현적 기능을 가진다. 한편 Schourup(1999)은 담화표지의 특성으로서 (1) 연결성(connectivity), (2) 임의성(optionality), (3) 비진리조건성(non-truth conditionality), (4) 느슨한 절 관련성(weak clause association), (5) 문두성(initiality), (6) 음성언어(orality), (7) 다범주소속(multifunctionality)의 일곱 가지를 제시하고 있다. Jucker & Ziv(1998: 3)는 Brinton(1996)에 의거하여 담화표지의 특성을 언어학의 여러 층위에 따라 다음과 같이 재분류하여 제시하고 있다.

---

3   Hölker자신은 담화표지라는 용어 대신 화용불변화사(pragmatic particles)라고 칭하고 있다.

음운적/어휘적 특징

(a) 짧고 음운적으로 축약된다.

(b) 분리된 톤 그룹을 형성한다.

(c) 주변적인 형태로서 전통적인 어휘 부류에 속하기 어렵다.

통사적 특성

(a) 나타나는 위치는 문두로 국한된다.

(b) 통사적 구조 밖에서 나타나거나 혹은 통사적 구조에 느슨하게 연결
되어 있을 뿐이다.

(c) 선택적이다.

의미적 특성

(a) 명제적의미가 거의 없거나 전혀 없다.

기능적 특성

(a) 여러 언어범주 층위에서 동시에 작용하며 다범주적(multifunctional)
이다.

사회언어학적/스타일적 특징

(a) 문어보다는 구어의 특성이라고 볼 수 있으며 비격식적(informal)
상황에서 주로 쓰인다.

(b) 빈도수가 많이 나타나는 편이다.

(c) 스타일상 낙인찍힌 표현들이다(stylistically stigmatized)

(d) 성과 무관하지 않으며, 여성의 언어에 더 전형적이다.

　위의 목록을 살펴보면 담화표지의 특질을 열거/정의하면서 완곡한 표현들이 사용되고 있음을 관찰할 수 있다. 완곡한 표현을 사용함으로써, 위에 열거된 특질들이 담화표지여부를 결정하는 데에 절대적인 기준은 될 수 없음을 시사하지만, 그럼에도 불구하고 위의 목록은 어떤 기준점을 제시해준다고 할 수 있다. 따라서 어떤 언어요소가 위에 열거된 특질들을 더 많이 표출하면 할수록 담화표지의 원형적(prototypical) 멤버로서 간주된다고 할 수 있겠다.

　한편 Briton(1996)은 위에 열거된 모든 특질들이 담화표지 여부를 진단하는 데에 동일한 자격을 가질 수 없음을 지적하였다(Briton 1996: 4). 즉, 처음 세 가지 층위(음운적/어휘적, 구조적, 의미적)는 담화표지 여부를 결정할 때 중요한 테스트에 해당하지만, 나머지 두 개의 층위(기능적, 사회언어학적)에서 언급된 특질들은 다분히 설명적(descriptive)이라는 것이다. 예를 들면 어떤 언어 요소가 다범주적인지의 여부가 담화표지 여부를 결정하는 데에 유용한 기준은 될 수 없다는 것이다. 마찬가지로 사회언어학적 분포 패턴 또한 일단 어떤 언어요소가 담화표지로 분류된 이후에야 적용되는 기준이라고 할 수 있다. 특히 마지막에 나열된 특징인 성에 따른 분포양상은 담화표지 여부를 결정짓는 기준으로서 논란의 여지가 많다고 지적하면서 예를 들면 성에 따라 분포양상이 차이가 나지 않는다거나 혹은 남성의 언어에 더 많이 나타난다고 하여 어떤 언어표현이 담화표지목록에서 제외되어서는 안 된다는 것이다.

　하지만 비격식체의 대화와 담화표지와 상관관계가 있음은 여러 학자들에 의해 지적된 바 있다(Biber 1988; Östman 1982).[4] 또한 모놀로그 인지 다이알로그인지의 구분도 담화표지의 빈도수와 상관관계가 있다고 하겠다. 즉, 모놀로그는 단일 화자/저자에 의해 발화되는 것으로 대개 그 화자/저자가 해당담화의 주제나 구조적인 체재를 통제하고 있지만 다이알로그의 경우에는 적어도 두 사람 이상이 참여하게 된다. 이러한 차이점에 기인하여 거의 모든 담화표지는 다이알로그에서 더 빈번하게 나타나게 되는데 이와는 대조적으로 모놀로그는 미리 계획될 수 있기 때문이다.

4. 문법화와 담화표지

문법화는 전통적으로 어휘적인 의미를 가진 내용어가 그 어휘적 의미를 상실하고 기능적 의미를 가진 기능어로 바뀌는 현상으로 정의된다. 그러나 최근에는 문법화의 개념이 확대됨에 따라 내용어가 기능어로 바뀌는 현상 뿐 아니라 '덜 문법적인' 것으로부터 '더 문법적인' 것으로 변화하는 문법적 과정까지도 포함한다(이성하 1998; 김태엽 2002). 문법화를 보이는 가장 전형적인 예문은 영어 일반 동사 *go*가 미래시제인 *going to*로 변화한 것이라고 할 수 있겠다(Hopper & Traugott 1993: 1f).

담화표지의 형태는 본래 한 개의 단어인 것도 있고 구인 경우도 있는데 이들 중에는 원래 담화표지로서 기능을 수행하는 것도 있고 문법화를

---

4   *Now*의 경우에는 비격식체 대화에서보다는 토론에서 더 많이 사용된다.

거쳐서 담화표지로서의 기능을 하는 것도 있다. 다시 말하면, 어떤 담화 표지들은 (어느 정도의) 문법화 단계를 겪은 단어나 구를 의미한다고 할 수 있다. 따라서 이러한 담화표지들의 경우에는 대개 어휘적 의미를 가진 내용어가 문법화에 의해 담화표지의 기능을 획득한다.

이런 의미에서 문법화는 공시적 또는 통시적인 과정을 거쳐 나타나는 변화들, 즉 언어형태와 기능과의 관계에 대하여 설명을 제시해준다는 점에서 문법화와 담화표지는 "서로를 위하여 존재하는(made for each other)" 것이라고 할 수 있다(Aijmer 1996: 16에서 재인용). 예를 들면 *indeed*의 통시적인 변화를 살펴보면 원래 전치사구였던 *indeed*는 "certainly"를 의미하는 인식종결어미(epistemic sentence-adverb)로 통합이 되었다가 나중에 *indeed*는 *but* 다음에 쓰여 대조적인 기능을 갖게 되는 것이다. 절 앞에 쓰인 담화표지 *indeed*는 담화를 부연하고 명시하는 기능을 가지게 된다. 즉 문법화의 연속변이(cline)선상에서 좌측에서 우측으로의 일방향적 발달은 담화상황에서 텍스트성이나 화자의 태도를 나타내기 위하여 어떤 어휘(명제적) 재료를 사용하는 경향(Traugott 1995a: 47)을 반영한다는 것이다. 이는 결국 화용적인 의미와 표현성을 강조하는 방향으로 귀결된다(Traugott 1995b: 4). 유사한 연속변이를 보여주는 것으로는 반응 행위(responsive moves)에 쓰이는 *oh*나 *OK*가 어떻게 담화표지로 재분류되는지를 들 수 있다.

slightly on the cline towards grammaticalization, the same adverbials and agreement tokens may be used as turn-initial components which both respond to the prior other party's contribution and introduce a more complex turn components.

(Auer 1996: 316, Aijmer(2002)에서 재인용)

예문 (1)에서 쓰인 *okay*는 선행화자에 대한 반응행위를 구성함과 동시에 새로운 화제를 제시하는 데에 쓰임으로서 담화표지로 분류된다.

(1) (Beach 1993: 333)
    M: Hi, this is Marlene.
    B: Hi,
    M: How are you?
    B: I'm fine
    M: **Okay.** hh, do you have Marina's telephone number?

담화표지 범주는 구조적인 면에서나 기능적인 면에서 문법화 과정을 거친 다른 요소들과는 구분되는데, 다시 말하면 Lehmann(1985)이 주장한 문법화의 기준을 충족시키지 않는다는 점에서 그러하다(Aijmer 1996: 18). Lehmann에 따르면 문법화된 요소들은 범위(scope)가 축소되기 쉽고 절에 더 밀접하게 통합되는 경향이 있는 반면에 담화표지는 주변에 위치함으로서 발화에서 구조적으로 분리되게 된다. 따라서 담화표지는 문법적인 요소와 어휘적인 요소의 중간쯤에 위치한다고 할 것이다(Hansen 1998: 225). 또한 명제적 의미에서 텍스트적 또는 대인적 기능으로 전이되는 담화표지의 기능화(functionalization)는 문법화라기보다는 화용화(pragmatization)라고 보는 것이 더 적절하다고 할 수 있다(Aijmer 1996: 19). 그러나 한편으로는 문법화와 화용화에는 동일한 원칙과 과정이 포함되는데 예를 들면 의미지속성의 원리[5]는 담화표지의 역사에서 언어형태와 기능 사이에 투명한 관계가 존재함을 설명해준다 (Hopper 1991: 22). 예를 들면 담화표지 *now*의 의미에는 여전히 *now*의 시간적 의미가 그림자처럼 남아있다. 또 다른 예로는 *like*의 발달과정을 들 수 있는데(Romaine & Lange 1991; Traugott 1995a: 39), *like*는 전치사, 접속사 그리고 담화표지로서 쓰이는데, *like*가 다음과 같이 말이나 생각을 인용하는 표지로서 쓰일 때에도 여전히 *like*의 명제적 의미-실제와 근사함을 나타내는-가 남아있다고 할 수 있다.

(2) (Jucker & Smith 1998: 190에서 재인용)

    A: only at the end,

          you're **like** oh god I'm gonna die.

위의 예문에서 *like*는 인용보어(quotative complement)로서 쓰이고 있는데 인용된 부분인 "Oh god I'm gonna die"는 실제 발화 그대로는 아니지만, 실제 발화와 유사하며 실제 발화의 의미를 충분히 전달할 수 있을 정도라는 것이다.

---

5   Hopper(1991)가 제시한 문법화의 5가지 원리는 다음과 같다. 층위화의 원리, 분화의 원리, 특정화의 원리, 의미지속성의 원리, 탈범주화의 원리.

5. 담화표지의 기능

담화표지의 기능에 대하여 일관된 목록을 작성하는 것은 쉽지 않은 작업으로 보인다. 일단 앞서 살펴본 바와 같이 어떤 표현을 담화표지로 할 것인지에 따라서도 이견이 있을 뿐 아니라 개별 담화표지에 관한 연구에서도 단일 담화표지에 대하여 여러 가지 기능을 부여하고 그 기능 중의 일부는 다른 담화표지의 기능과 중복되기 때문이다.

담화표지의 기능에 대한 여러 가지 분류체계에 일관성이 없고 또한 개별 담화표지에 관한 연구를 보면 각각의 기능에 대하여 서로 모순되거나 혼란스러운 결과를 제시하고 있긴 하지만, 많은 연구에서 공통적으로 지적되고 있는 담화표지의 기능들을 모아서 정리해보면 다음과 같다 (Brinton 1998: 37-38).

(a) 담화를 시작하거나 종결하기 위하여

(b) 화자로 하여금 발언권을 획득하거나 혹은 포기하도록 도와주기 위하여

(c) 발언권을 유지하기 위하여 사용되는 말채움어(filler)로서

(d) 담화의 경계를 표시하기 위하여, 즉 새로운 화제나 화제의 부분적 전환을 표시하거나 혹은 (말끼어들기 이후에) 이전 화제로 돌아가기 위하여

(e) 신정보(new information)나 구정보(old information)를 표시하기 위하여

(f) 순차적 의존성(sequential dependency)을 표시하기 위하여, 또는

한 절과 선행절을 연결시키는 대화함축관계를 명시함으로써 두 절 사이의 관계를 규명하기 위하여

(g) 자신이나 타인의 발화를 수정하기 위하여

(h) 주관적으로 쓰이는 경우로서, 선행발화에 대한 화자의 응답이나 후행발화에 대한 화자의 태도를 표현하기 위하여 (예들 들면 상대방의 발화에 관심이 있음을 보여주거나 이해를 하고 있음을 보여주는 최소응답표지(back-channel signals)나 화자의 망설이거나 불확실한 태도를 나타내는 울타리 표현 등)

(i) 대인적으로 쓰인 경우로서, (화자와 청자사이에 공유가설이 있음을 확인하거나 또는 이해확인(confirmation)을 요청하거나 공손함을 표시함으로써) 쌍방간의 유대감형성에 기여하기 위하여

위에서와 같이 담화표지의 기능들을 열거한 긴 목록을 보면 일견 통일성이 없어 보이긴 하지만 담화표지의 기능을 크게 두 가지 범주로 나누어 보면 (a)-(g)까지는 텍스트 구성 기능(textual function)이라고 할 수 있겠고 (h)-(i)는 대인적 기능(interpersonal function)이라고 하겠다[6](Brinton1998: 38).

---

6   Halliday(1985)는 언어의 다기능으로서 지시/명제적 기능(ideational function), 텍스트 구성적 기능(textual function), 그리고 대인적 기능(interpersonal function)을 언급하였다. 텍스트 구성적 기능이란 화자가 일관성(coherence)을 성취하기 위하여 사용하는 텍스트 구성적인 자원을 의미한다. 즉, 텍스트 구성적 의미란 선행(또는 후행) 맥락이나 상황맥락과의 관련성을 의미한다. 한편 대인적 기능이란 대화자의 감정, 태도, 평가 등을 표시하는 것이다. 지시적기능이란 명제의 표현을 의미하는데 문장 구성의 주요 요소로서 작용한다. 담화표지는 의미적, 명제

담화표지의 텍스트 구성 기능과 대인적 기능에 대한 Traugott의 논의를 살펴보자(1999: 180). 담화표지는 Schiffrin의 획기적인 저서인 Discourse Markers(1987)가 출판된 이후로 화용론과 담화분석 분야에서 주로 다루어진 주제였는데 그 책에서 Schiffrin은 다양한 화용표지들 예를 들면 *y'know, I mean, but, oh. then* 등을 분석하였다. 최근에는 담화표지 연구 분야를 두 가지로 나누는 경향이 있다.

(1) 절들 사이의 관계를 알리는 표지로서, Schiffrin(1990)은 이것을 "discourse deictic"이라고 지칭한 반면 Fraser(1988, 1996)는 "discourse markers"라고 칭하였다.

(2) 주로 상호작용적 기능을 수행하는 다른 화용표지들이 있는데 이들은 완곡, 말차례 전환 등의 기능을 수행한다(예:*well, y'know*).

Aijmer(1996) 또한 담화표지의 주요기능으로서 텍스트 구성적 기능과 교감적 기능(phatic function)을 언급하였는데 후자는 대인적 기능에 상응한다고 할 수 있겠다.

대인적 영역과 텍스트 구성적 영역은 서로 배타적인 범주에 속하는

적 내용이 상대적으로 부족하다는 점을 상기하면 담화표지의 주요 기능은 텍스트 구성적 기능과 대인적 기능으로 요약될 수 있으나 담화표지가 역사적으로는 지시적 의미에서 파생되었다는 점은 지적될 수 있다(Briton 1996: 38). 또한 구어에서의 담화표지의 쓰임을 분석하기 위해서는 Halliday & Hasan(2014)이 정의한 텍스트 구성 차원에서 좀더 확장될 필요가 있음이 지적되었다(Aijmer 1996; Brinton 1998). 즉, 문장수준을 넘어선 전체 담화의 구조까지를 고려해야 한다는 것이다(Briton 1996: 38).

것은 아니다. 즉, 어떤 담화표지는 대인적 기능과 텍스트 구성적 기능을 공히 가질 수 있다. 어떤 담화표지는 의사소통 과정에서 (담화사이의 연결 관계를 알려주는) 일종의 길잡이 기능을 하며 동시에 화자의 감정 상태나 태도를 표시할 수도 있는 것이다. 이 경우, 두 기능 중 하나가 더 우세할 경우에는 일차적 기능과 부차적 기능으로 차별을 둔다. 예를 들면 영어담화표지 *now*는 대인적 기능을 지니고 있긴 하지만, 더 자주 쓰이고 더 원형적이라고 할 수 있는 텍스트 구성적 기능에 비하면 대인적 기능은 부차적인 것이라고 할 수 있다.[7]

위에서 열거된 담화표지의 특질들에 대한 여러 가지 이견에도 불구하고 담화표지에 대한 많은 연구에서는 담화표지가 여러 층위에서 다양한 기능을 하고 있다는 점에서는 대개 일치하는 것 같다. 여러 층위란 텍스트 구성적(textual), 태도적(attitudinal)/상호작용적(interactional) 층위를 의미하는 것이다. 따라서 담화표지는 화제를 시작하거나 종결하거나 혹은 화제전환과는 같은 텍스트 구성 기제(text-structuring devices)로서 분석되기도 하고, 화자와 청자의 의도/화자와 청자 사이의 관계를 표시해 주거나 어떤 발화가 어떻게 해석되어야 되는지를 표시하는 태도적 기제로 분석되기도 한다.

---

7   *Now*의 텍스트적 기능으로는 새로운 주제도입, 주제전환 등을 들 수 있고 대인적 기능으로는 화자의 친근한 태도를 나타낼 수도 있고(*now come on*) 혹은 화자가 인내가 부족함을 나타내기도 한다(*now wait*)(Aijmer 1996: 95).

제3장

일상대화에서
담화표지의 기능

일상대화에서 담화표지의 기능

1. 정보수령표지(reception marker)와
정보제시표지(presentation marker)

Jucker & Smith(1998)는 일련의 담화표지들을 크게 정보수령표지(reception marker)와 정보제시표지(presentation marker)로 나누어 분석하였다. 정보수령표지란 *yeah, oh, really*와 같이 상대방에 의해 제시되는 정보에 대한 반응을 표시하는 것이고 정보제시표지란 *like, you know, I mean*과 같이 화자에 의해 제시되는 정보를 수식하는 데에 사용되는 것이다.

Jucker & Smith는 또한 이러한 표지들이 대화자들 사이에 공유기반(common ground)을 교섭(negotiation)하는데 쓰임을 지적하였다. 즉, 대화자들은 발화를 통해서 정보를 전달하기도 하고 동시에 대화 상대방에게 이 정보가 어떻게 처리되어야 되는지에 대한 지시를 주기도 하는데 대화자들은 상대방이 제시한 정보가 자신의 지식 상태(state of knowledge)에 어떻게 통합되는지에 대하여 서로에서 반응을 제시한다는 것이다. 이들의 연구는 담화표지를 청자에게 정보처리지시를 주는 것으로 파악한다는 점에서 인지적이라고 할 수도 있고, 화-청자사이에 공통기반의 확립을 화자와 청자사이의 교섭(negotiation)으로 파악한다는 점에서 상호작용적이라고 할 수도 있겠다.

또한 이 논문의 분석 자료로 사용되었던 두 가지 자료-친구들 사이의 대화와 낯선 사람들 사이의 대화-를 비교해보면 정보수령표지와 정보제시표지는 상호보완적 분포를 나타내고 있다. 화자가 상대방의 현재 정보 상태에 대해서 더 많이 알고 있다고 생각할수록(예를 들면 친구들과의 대화), 화자는 자신이 제시한 발화를 어떻게 해석해야 되는지에 대한 지시를 줄 수 있는 기반이 더 마련되어 있다고 할 수 있고 따라서 정보제시표지인 *like*나 *you know*가 낯선 사람들 사이의 대화에서보다 더 빈번하게 사용되고 있다.

한편 개인적인 차원에서 공유기반이 비교적 적은 낯선 사람들 사이의 대화에서는 상대방이 제시한 정보를 잘 수령하고 있다는 표시를 해줌으로서 대화 상대방들끼리 서로 자신의 정보상태를 갱신하는 데 도움을 줄 수 있다는 것이다. 따라서 낯선 사람들 사이의 대화에서는 상대적으로 *yeah*나 *oh*와 같은 정보수령표지의 사용이 빈번하게 관찰되었다.

1.1. 정보수령표지: yeah, oh, okay

*Yeah*는 가장 빈번하게 사용되는 담화표지라고 할 수 있는데(Jucker & Smith 1998), *yeah*는 yes의 비격식적 쓰임에 해당하며 질문에 대한 직접적인 응답이나 상대방의 주장을 인정할 때 사용된다. 또한 *yeah*는 *mm hmm*, *uh huh* 등과 더불어 '계속어(continuer)'(Schegloff 1982)에 해당하는데 수신자(recipient)가 이러한 '계속어'를 사용함으로서 현재 화자가 긴 말차례를 계속하고 있음을 인지하고, 수신자 자신의 말차례 기회를 생략하면서 상대방이 하던 이야기를 계속하도록 하는 장치라는 것이다. Jucker & Smith는 정보수령표지로서 *yeah*의 쓰임을 설명하고 있는데 *yeah*는 대화자들 사이에 진행되고 있는 행위나 정보통합의 추이를 살펴보는 데에 쓰인다는 것이다. 담화표지 *yeah*가 가장 빈번하게 쓰이는 맥락은 현 담화상황에 새로운 정보이긴 하나 여전히 현재 대화자들의 의식 속에 있는 정보와 일관성이 있는 정보를 수령했음을 인정할 경우이다(Jucker & Smith 1998).

   (3) (Jucker & Smith 1998: 179에서 재인용)
      A: I really know how to.
         you know
         shoot the ball,
      B: **yeah**

위 발췌문에서 A는 이미 자신이 농구팀의 주장을 한 경험이 있음을 밝혔으나 골을 슛하는 자신의 기술에 대해서는 직접적으로 언급한 바가 없다. 따라서 예문 (2)에서 A의 발화를 통해 B는 새로운 정보이긴 하지만 동시에 (담화의 흐름상) 예상할 수 있었던 정보를 수령할 때 yeah를 사용하고 있다.

또한 *yeah*는 대화자들끼리 '상위정보적인 교섭(meta-informational negotiation)'에 몰입하고 있을 때 순차적으로 정보확인을 제시하는 맥락에서 나타난다. 즉, 제시된 신정보가 청자의 현 정보 상태에 통합하기 어려운 것일 때, 청자는 *really?*라는 표현으로 확답이나 설명(clarification)을 요청할 수 있는데 이 맥락에서 화자는 *yeah*를 발화하여 해당정보를 확인해줄 수 있는 것이다.

(4) (Jucker & Smith 1998: 179에서 재인용)

> B: I came from Hong Kong
>   like uh... two and a half years ago.
> A: oh really?
> B: **yeah**
> A: well, that's interesting, you picked up the language pretty
>   good.

(4)는 낯선 사람들끼리의 대화인데 A는 B가 미국시민이 아니라는 것은 알고 있었지만 미국에서 2년 반 이상은 거주했을 것이라고 추정하고 있었다. 그러나 B가 2년 반 전에 홍콩에서 미국으로 왔다고 하자 이는 자신의 정보 상태에서 수긍하기 어려운 사실이므로 "oh really?"로 놀라움을 표시하고 이에 B는 *yeah*로서 자신이 제시한 정보가 사실임을 재차 확인해주고 있다. 여기에서 A는 B의 발화내용에 대해 이의를 제기하려는

것이 아니라 두 가지 사실 -상대방의 영어가 유창하다는 자신의 관찰과 (그 유창성으로 판단하건데 짧은 기간이라고 판단되는) 2년 반 전에 미국에 왔다는 상대방이 제시한 정보- 을 받아들이는 데에 어려움이 있음을 표시하는 것이다.

이와 같은 *yeah*의 쓰임과는 달리 *oh*의 사용은 대조적인 모습을 보인다. 다음 대화에서 A는 자신의 배경에 대해 설명하고 있다.

(5) (Jucker & Smith 1998: 182에서 재인용)
    A: I oh came to America
    B: You're just, you're born here?
    A: no, I came to America in eighty-one from India
    B: **oh,** I see

A가 미국에 건너왔다고 밝혔음에도 불구하고 (따라서 미국에서 태어나지 않았음이 함축되었음에도 불구하고) B는 A가 미국 태생이라는 자신의 가설을 명시적으로 발화한다. 3번 줄에서 자신의 믿음이 A의 발화에 의해 수정되자 B는 예상하지 못했던 정보를 수령하면서 *oh*를 발화한다. 예상하고 있었던 신정보를 수령하는 경우에 쓰이는 *yeah*와는 달리 *oh*는 이와 같이 예상치 못했던 정보를 수령하여 자기의 정보 상태에 변화가 생겼음을 표시할 때 쓰인다. 따라서 *oh*는 '상태변화표지(change-of-state token)'(Heritage 1984)라고도 하는데[8] 화자의 정보 상태에 변화가 있음

---

8   Heritage(1984: 299)는 *oh*의 쓰임에 관하여 다음과 같이 말하였다. "...to propose that its producer has undergone some kind of change in his or her locally current

을 인지하고 이를 수긍함을 보여주는 표지라는 것이다. 이는 *oh*가 질문-대답-승인(question-answer-acknowledgement) 순차구조에서 나타나며 종종 '예상치 않았던 정보를 수령하는 표지(receipt of unanticipated information)'로 쓰임을 보고한 Schiffrin(1987: 89)의 관찰과도 일치한다고 할 것이다.

이와 유사한 맥락에서 *oh*는 이미 존재하고 있는 정보 기반에 통합될 새로운 정보를 받았음을 인지할 때 쓰인다는 점에서 '정보관리표지(marker of information management)'로 분류되기도 한다(Schiffrin 1987). Schiffrin은 *oh*가 쓰이는 여러 가지 맥락을 제시하였는데 그 중의 하나는 *oh*가 수정맥락에서 쓰인 경우이다.

다음은 oh가 자기주도 수정이나 타인주도 수정을 개시할 때 쓰임을 보여준다.

(6) (Schiffrin 1987: 75-76에서 재인용)
    Jack: I think it was in seventeen: fifteen, or seventeen fifty five,
           I'm not sure when. Eh: oh I'm wrong. Seventeen seventeen.

Jack은 폴란드가 언제 러시아에 의해 양분되었는지에 대해 이야기하다가, "oh I'm wrong"을 발화함으로써 자기주도 수정을 시작하여 "seventeen-seventeen"으로서 자기수정을 마치고 있다.

*Oh*는 정보 상태의 전환뿐만 아니라 정보평가와도 관련이 있는데 화

---

state of knowledge, information, orientation or awareness"

자가 주관적인 지향성으로 전환할 때도 *oh*가 사용된다는 것이다 (Schiffrin 1987). 즉, 화자의 주관적인 지향성은 화자의 현 입장에 더 강렬한 태도를 보이는 것이다.

(7) (Schiffrin 1987: 95-96에서 재인용)

> Debby: Well I think there's a lot of competition between girls. In an all girls school. More than well- more academically //anyway//
>
> Freda: //**oh**// yes. **Oh** yes. They're better students I do believe that.

여학생만 받아들이는 학교 제도에 대하여 찬성하는 Freda와는 달리, Debby는 여학생들끼리만 놔두면 경쟁심이 심해진다는 것을 이유로 들어 반대하고 있다. 이에 Freda는 *oh*를 반복하면서 자신의 주장의 강도를 높이고 있다.

일상대화에서 *okay*의 쓰임을 연구한 Beach(1993)는 *okay*의 기능을 세 가지로 제시하였다. (a) 응답에서 단독으로 쓰인 *okay*는 승인/이해/동의 등을 나타낸다(예문 8).

(8) (Beach 1993: 330-331)

> Sha: Your mother wants you!
>
> Fro: **Okay.**

(b) 전화 대화에서 쓰인 *okay*는 앞사람의 말에 대한 대답임과 동시에

전화 대화에서 처음으로 주제를 도입할 때 쓰인다는 것이다(예문 9).

(9) (Beach 1993: 333)
    M: Hi, this is Marlene.
    B: Hi,
    M: How are you?
    B: I'm fine
    M: **Okay...** hh, do you have Marina's telephone number?

Schegloff & Sacks(1973)는 *okay*가 하강조의 억양으로 발화될 때는 선종결(pre-closing)이 가능한 지점을 표시한다고 하였다.[9] 이러한 선종결 기제로서의 기능을 하는 okay는 발췌문 (10)에서 관찰되는데, 선행발화를 승인하는 *okay*가 대답으로 쓰여서 대화를 마치려는 신호에 대한 일종의 '허가(pass)'로서 쓰인다.

(10) (Schegloff & Sacks 1973: 268)
    A: **OK**
    B: **OK**

따라서 선종결이 성공적으로 이루어진 다음에 나오는 순차적인 구조에서는 실제로 대화를 마치겠다는 발화가 교환된다(발췌문 11).

---

9   *okay*뿐만 아니라 *well, so* 등 담화표지들이 하강조 억양으로 발화될 때도 선종결 기능이 있음을 관찰되었다(Schegloff & Sacks 1973).

(11) (Schegloff & Sacks 1973: 268)

    A: **OK**

    B: **OK**

    A: Bye-bye

    B: Bye

이와 같이 *okay*가 담화의 어떤 지점에 쓰여서 대화종결과 같은 행위를 이끄는 데 쓰임이 지적되었는데 이는 서비스 제공 맥락(service encounter)에서 *ok*의 쓰임과도 일치하는 바가 있다.

서비스 제공 맥락에서 *ok*가 어떻게 쓰이는지를 분석한 Merritt(1980)에 따르면 서비스 제공 맥락시 통상 고객이 시작하는 발화(customer start)에 두 가지 종류가 있는데 하나는 정보에 대한 요청이고(예를 들면, "Do you sell matches?") 또 하나는 행동에 대한 요청(예를 들면, "Can I have Latte, please?")이다. 영어에서 긍정적인 응답을 나타내는 표현으로서 *yes*항목(*yes, yeah, yeh, yep, umhmm*)과 *ok*항목(*all right, OK*) 등으로 구분된다고 볼 때, 정보요청에 대한 반응으로는 *yes*항목이 주로 쓰이고(예문 7), 행동요청에 대한 응답으로서는 *ok*항목이 주로 사용된다는 것이다(예문 12, 13)(Merritt 1980: 140-141).

  (12) Gift shop

    Customer: Do you have lighters?

    Salesperson: **Yes.** Over on the other side of the showroom.

  (13) Notions

    Customer: Can I have two packs of Vantage Green?

Salesperson: **OK** ((turns to get))

(14) Ticket Booth, Movies
Customer: Two please ((pushing bill through window))
Salesperson: Which picture?
Customer: American Graffiti
Salesperson: **OK**. That's five dollars.

서비스 제공 맥락에서 *ok*는 (a) 긍정이나 시인이나 확인을 표현할 때 (b)서비스 제공 맥락에서 나타나는 여러 가지 국면- 접근(access), 선택 (selection), 결정(decision), 물건과 돈의 교환(exchange), 종결 (closure) -에서 두 개의 국면(phase)을 서로 연결시켜주는 교량으로 서 쓰인다. 즉, *ok*를 발화하는 화자의 말차례에서 어떤 행동-언어적 행동이나 비언어적 행동-을 취할 때 쓰이는데 선행한 국면의 상황에 대해 만족함을 보이고 그 다음 국면으로 넘어가려고 시도할 때 일종의 교량으로서 역할을 한다.

1.2. 정보제시표지: like, you know, well, I mean

Jucker & Smith(1998)가 정보제시표지로 분류한 *like, you know, well, I mean*의 담화표지로서의 기능에 대하여 살펴보겠다.[10]

---

10   Jucker & Smith(1998)의 분석에 따르면 *like*가 가장 빈도수가 많았고 *you know, well, I mean*의 순서로 빈도수가 낮아짐을 보였다.

상대방의 말이나 생각을 전할 때 쓰이는 인용구로서의 *like*의 용법은 원래 "-와 같은"의 명제적 의미를 가진 전치사구에서 문법화를 거쳐 텍스트 구성기능인 인용보어(quotative complement)로 전이하고 또 상호작용적 의미를 가지는 담화표지로 문법화가 진행 중임을 보여준다고 하였다(Romaine & Lange 1991). 다음은 *like*의 문법화 과정을 도표로 보여주고 있다(Romaine & Lange 1991: 264).

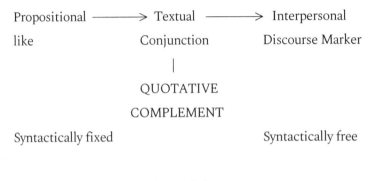

다음은 각각에 해당하는 예문들이다.

(15) He swims like a fish. (전치사)
(16) He acts like he is a boss. (접속사)
(17) I was like it's okay. (담화표지: 인용보어)
(18) Golf is kind of like interesting. (담화표지: 울타리 표현)

Jucker & Smith(1998)는 *like*를 정보제시표지로 분류하고 특히 젊은 이들의 대화에서 자주 쓰임을 보고하고 있다. 담화표지로서의 *like*는 다양한 위치에 나타나며 *like*의 명제적 의미가 담화표지로의 기능에 기여한다고 주장하였다. 담화표지 *like*는 어떤 표현에 가까이 쓰였을 때, 그 해당 표현을 문자 그대로 해석하지 말라는 신호라고 할 수 있다. 담화표지 *like* 가 숫자 앞에 쓰일 때는 어림값을 나타내는 근사치표지(approximator) 로서 쓰인다. 다음의 예를 보자(Jucker & Smith 1998: 185).

(19) I've travelled a whole a great deal, cause I used to travel when I was,

... (1.5) **like** three or four

*Like*는 (19)에서와 같이 수량을 수식하지 않고 어떤 묘사표현을 수식 할 때가 있다. 이 경우에는 근사치 표지라기보다는 울타리 표현(hedge) 이라고 해야 하는데 해당 표현이 발화자가 의도한 최상의 표현이 아님을 표시한다. 따라서 크게 보면 근사치표지는 울타리 표현에 속한다고 할 수 있을 것이다(예문 20 참조).

(20) They show you around **like** everywhere (Jucker & Smith 1998: 186에서 재인용).

같은 맥락에서 *like*가 인용보어로 쓰일 때에도 실제 발화된 것과 인용 된 것 사이에는 불일치가 있다는 것을 표시함으로서 인용문을 이끄는 *like*는 실제 발화를 직접 인용하는 것이라기보다는 마음속에 있는 생 각이나 마음의 상태 등을 나타낸다.

(21) Only at the end, you're **like** "oh god I'm gonna die" (Jucker & Smith 1998: 186에서 재인용)

인용된 발화는 실제 발화 그대로는 아니지만, 실제 발화와 유사하며 실제 발화의 의미를 충분히 전달할 수 있을 정도라는 것이다.

담화표지로서의 *you know*의 기능에 대해서도 많은 연구가 진행되었는데(Edmonsdon 1981; Östman 1981; Schourup 1985; Holmes 1986), 담화표지 *you know*의 기능은 '상대방이 이미 알고 있는 정보'라는 *you know*의 명제적 의미와 관련이 있는 것으로 분석되었다. Erman(1987)에 따르면 *you know*의 기능은 구정보를 제시하거나 청자에게 이미 알려져 있다고 추정되는 정보를 제시할 때 쓰인다고 하였다.

Schiffrin(1987)은 *you know*가 상위정보상태(meta-informational status)에서 정보변화를 표시한다고 하였다. 즉, *you know*는 청자가 이미 알고 있다고 화자에 의해 추정되는 정보뿐만 아니라 그런 경우가 아니더라도 청자의 정보 상태에 변화를 가져오려고 시도할 때도 쓰인다는 것이다. 모순적으로 보이는 두 가지 상황이- 청자가 이미 알고 있는 상황과 청자가 아직 모르는 상황- 어떻게 동일한 표현으로 표시될 수 있는지에 대해서는 설명이 제시되어 있지 않다.

Jucker & Smith(1998)는 *you know*의 쓰임이 명제적인 의미에서 시사되는 것처럼 상대방에게 이미 알려져 있는 정보의 제시에만 국한되어 있지 않다고 주장하고 *you know*가 쓰이는 상황을 세 가지로 설명하였다. (a) 해당 정보가 대화 상대방에게 알려져서 공유정보인 경우(예문 22) (b) 대화 상대방에게 알려져 있지 않거나 혹은 알려져 있지 않다고 추정될 경우 (예문 23) (c) 대화 상대방의 선행발화를 (명시적으로나 암시적으로) 반박하는 발화를 할 때 (예문 24). 이와 같이 상호 모순적으로 보일 수 있는 *you know*의 쓰임에 대해 Jucker & Smith(1998)는 *you know*의 기능은 이미 알려진 정보를 표시하는 일과는 별 상관이 없음을 주장한다. 다시 말하면 *you know*는 대화자 쌍방간에 교섭책략(negotiating strategy)으로서 쓰이는데, 대화자 쌍방이 해당 사건을 서로 협력하여 구성해가는 데에 *you know*가 도움을 주는 기제로 쓰인다는 것이다. 즉, 화자는 *you know*를 사용함으로써, 청자로 하여금 *you know*에 의해 표시된 정보의 관련성과 함축성을 인지하게 한다는 것이다.

(22) (Jucker & Smith 1998: 193)
    B: no, like volleyball //**you know**//
    A: //no//
    B: the net is too high.

발췌문 (22)의 발화 바로 이전에 B는 스포츠에 별로 흥미가 없음을 이야기하고 자기는 너무 몸이 작아서 축구에도 적합하지가 않고 또한 키도 작아서 배구에도 적합하지가 않다고 말했다. 하지만 A는 여전히 B에게 스포츠를 즐겨보라고 설득한다. 이에 대해 발췌문에서 B는 배구를 즐길 수 없는 자신의 처지를 *you know*를 사용하여 B에게 설명하고 있다. 담화표지 *you know*가 함축하는 발화의 내용은, 이미 청자에게 알려진 내용(B가 키가 작다는 것)이고 또한 그 내용으로부터 추론할 수 있는 것(키가 작기 때문에 배구 네트가 높게 느껴진다)이다. 여기서 *you know*의 쓰임은 *you know*의 명제적 의미와 일치한다고 할 수 있으나, *you know*가 담화표지로서 이 맥락에서 하고 있는 일은 "배구의 네트가 너무 높다"라는 정보가 해당 담화 시점에서 (화자가 설명을 제시하는 데에) 관련성이 있음을 청자에게 주지시키고 또한 그 정보가 어떤 의의를 지니는지를 상대방으로 하여금 깨닫게 하는 것이다. 이 발췌문 이후의 담화에서 A는 B의 의도를 알아차리고 "so jump higher"라는 제안을 한 후 자신의 주장을 접게 되고 B는 다른 주제로 전환한다.

(23) (Jucker & Smith 1998: 193-194)

    A: but when you take like a twelve-hour plane ride

    B: uh huh

    A: **you know**, like

        I went on a plane ride from here to India

        oh my god

        it's terrible

        cause it's so long

(23)에서 A와 B는 처음 만난 사이로서 여행에 관해서 이야기하고 있었다. 이 발췌문에서 A는 비행기타고 여행하는 것을 좋아하지 않는다고 말하고 나서 *you know*를 사용하여 오랜 시간 항공편으로 여행했던 자신의 경험을 소개하고 비행기 여행을 싫어하는 이유를 낱낱이 이야기하고 있다. 여기에서 A는 자신이 12시간 동안 비행기를 타고 여행했던 사실이나 또는 인디아로 여행했던 사실을 청자 B가 이미 알고 있을 것이라고 생각하지 않음에도 불구하고 *you know*를 사용하였다. 여기에서 *you know*

는 현재 화자가 하고 있는 주장에 중요한 의미를 부여하는 정보를 도입할 때 쓰이고 있는데, 대화 상대방으로 하여금 화자의 입장을 이해하고 두 사람 사이의 공통기반을 활용하기 위한 기제로 쓰인다.

다음은 대화 상대방의 주장을 반박할 때 *you know*가 쓰임을 보여주고 있다.

(24) (Jucker & Smith 1998: 194)

    B: yeah, but I don't want to be in a class.

       I want to be ON a team

    A: ey if you can't be on the team, you might as well take the class, **you know.**

A와 B는 스포츠 활동에 대하여 서로 다른 입장을 가지고 있는데, 현재 어떤 스포츠 활동에도 참여하고 있지 않은 B는 배드민턴 수업을 듣는 것에는 관심이 없고 팀에 소속된다면 운동을 하고 싶다고 이야기한다. 이에 대한 응답으로서, A는 그래도 수업이라도 듣는 것이 나을 것이라고 충고를 주고 있는데 이 충고의 내용은 B가 언명한 입장과는 상반되는 것으로서 *you know*의 쓰임에 주목할 필요가 있다. 즉, 어떤 어려움에도 불구하고 여전히 스포츠 활동을 해야 한다는 자신의 주장의 타당성을 강화하기 위해 you know가 사용되었다. 특히 논쟁 맥락에서 *you know*의 사용은 상대방 의견에 반박하면서 상대방을 설득시킬 때에 효과적이라고 할 것이다(Suh 2002).

Holmes(1986: 1995)는 여성과 남성의 언어차이를 설명하면서 *you*

*know*의 쓰임에 대하여 지시적 의미와 감성적 의미를 가진 것으로 분석하고 있다. 이는 화자가 청자로 하여금 자신의 발화내용에 협조하라고 호소하거나 혹은 공유하는 배경지식으로서 인지해달라고 호소할 때 *you know*를 사용한다는 Östman(1981)의 주장과도 일치한다. 즉, 화자가 청자에게 호소한다는 것은 *you know*의 '감성적 의미'에 해당한다. 한편 *you know*가 일종의 말채움어로서 화자가 적절한 표현을 찾고 있거나 자신의 발화내용에 대해서 확신이 결여됨을 나타내는 울타리 표현으로 쓰인 경우에는 '지시적 의미'에 해당한다고 하였다.

(25) (Holmes 1995: 88)
    (Elderly man to young neighbours)
    the house
    up above the one I was telling you
    you about
    you know the one you dad used to live in

(25)에서 *you know*는 화자가 자신이 지시하는 대상에 대해 정확하지 않음을 나타내는 표지로서 사용되었다. 한편 청자의 이해나 공감을 유도하거나 대화 참여자들간의 상호공유기반을 강조하는 장치로서 쓰일 경우 *you know*는 감성적 의미를 지니고 있으며, 이는 상대방과의 유대감을 강화하는 기제로 쓰인다는 점에서 적극적 공손책략의 하나라고 볼 수 있다.

(26) (Holmes 1995: 89)

(Young woman in conversation with flatmates over dinner)
they obviously thought he was a bit stupid
you know.

(26)에서 화자는 *you know*를 사용하고 있는데, 이는 청자와의 공유 경험이나 또는 청자의 태도에 근거해서 화자 자신의 주장이나 입장을 청자가 이해해 줄 것이라는 믿음에 근거한 것이다.

*Well*은 가장 빈번하게 연구가 이루어진 담화표지 중의 하나라고 할 수 있다.[11] Sacks, Schegloff & Jefferson(1974)은 *well*이 말차례를 시작할 때 쓰인다고 하였다. 또한 *well*이 선종결 기제(pre-closing device)로서 대화가 아주 종결되기 전에 청자로 하여금 아직 못 다한 화제에 대하여 다시 재개할 수 있는 기회를 줄 때 사용됨을 보고하였다. 또한 *well*은 상대방의 질문에 대하여 충분하지 않은 답을 제시하는 응답 바로 앞에서 나타난다(Lakoff 1973b). 이는 Schiffrin(1987)의 관찰과도 일맥상통하는데, *well*은 거의 대부분이 응답을 시작할 때 쓰임이 관찰되었는데, 뒤

---

11   Jucker & Smith(1998)는 *well*이 정보제시 표지로도 쓰이고(예 1) 정보수령 표지로도 쓰이며(예 2) 두 가지 기능을 동시에 가질 수도 있다고(예 3) 언급하면서 다음과 같은 예를 각각의 경우에 대하여 제시하였다(p. 174).
(1) A: **Well,** I think it's time to go.
(2) A: Is it time to go?
    B: **Well...**
(3) A: Is is time to go?
    B: **Well,** I think most people will be coming from across campus.

따라 나올 응답의 내용이 앞서 질문을 던진 대화자에 의해 기대되는 반응들과는 차이가 있음을 표시한다. 다음의 예문을 보자(Byron & Heeman 1997).

(27)
      u: how long would it take to load the oranges from the warehouse into the engine?
      s: uh **well** we can't load oranges into an engine we need a boxcar.

오렌지를 적재하는데 얼마나 시간이 걸릴 것인가 하는 u의 질문에 대하여 s는 (boxcar가 없다면) 오렌지를 실어 나르는 것이 아예 불가능하다고 대답할 때 well이 선행되고 있다. 마찬가지로 well은 (28)에서와 같이 상대방이 가지고 있는 잘못된 생각을 수정해주거나 대안을 제시할 때도 쓰인다.

(28)
      u: and then I'm done
      s: uh **well** you have to get to Avon still.

따라서 말차례를 well로 시작하면 화자가 상대방 의견에 찬성하지 않거나 (명시적으로 혹은 암시적으로) 선행 말차례에 나타난 정보를 수정하려고 한다는 것을 표시한다. 의견의 불일치 앞에 나타나는 well은 주로 yes but이나 혹은 침묵과 더불어 쓰이는 경향이 있다(Pomeranz 1984). 이뿐만 아니라 well은 상대방의 제안/요청에 대하여 거절을 할 때 앞에 쓰인다(Owen 1981). 같은 맥락에서 아이들의 요청에 대한 반응에서 *well*이 종종 관찰되는데 그 요청을 받아들일 때보다는 거절할 때 더 많이 관찰되었다(Wootton 1981). 따라서 *well*은 대체적으로 비선호반응(dispreferred response)을 이끄는 데 사용된다고 할 것이다(Pomeranz 1984). 담화표지 *well*이 제도담화(특히 위기 교섭 담화)에서 어떻게 쓰이고 있는지는 5.2장에서 자세히 논의될 것이다.

　마지막으로 담화표지 *I mean*은 명제적 의미로부터 시사되는 것처럼 주로 수정 맥락에서 많이 쓰인다. Goldberg(1980)에 따르면, *I mean*은 수정 상황에서 주로 쓰이는데 (주로 화자자신의) 선행발화를 수정하거나 더 명백하게 부연 설명하면서 이야기를 계속해나갈 때 사용된다. 따라서 *I mean*은 앞선 발화의 내용을 수정하거나 첨가하는 수식(modification)을 도입할 때 쓰여서 후행담화의 방향을 바꿀 수도 있고 또한 발화중간에 쓰일 때는 발음이나 문법의 실수를 정정하기도 한다. Schourup(1985)은 *I mean*은 화자가 발화한 것과 화자가 표현하고자 하는 것과 괴리가 있음을 보이는 표지라고 설명하면서 화자가 의도하는 바는 *I mean* 이후에 드러난다고 하였다.[12] 담화표지 *I mean*이 제도담화(특히 위기 교섭 담화)에서 어떻게 쓰이고 있는지는 5.1장에서 자세히 논의될 것이다.

12　다음의 예문에서와 같이 화자가 설명(clarification)을 하고 난 후에 *I mean*이 종종 쓰인다(Schourup 1985: 167). "There were five apples in the basket, **I mean**."

2. 모호한 지시를 나타내는 표지들: and that sort of thing 등

모호한 표현(vague expressions)이나 울타리 표현(hedges) 등-and so on, and thing like that, and that sort of stuff, that kind of thing, or something, or whatever-은 일상대화에서 만연한 것으로서 대화가 비격식체일수록 많이 관찰된다. 이러한 표현들은 Aijmer (1996)에 따르면 담화불변화사(discourse particles) 중에서도 지시대상 말미 부가어(referent-final tag)로 분류되는데, 이는 지시 대상물(referent) 바로 다음에 붙어서 사용되기 때문이다. 이는 또한 '확장 불변화사(extension particles)'(Dubois 1993), '모호한 범주 식별자(vague category identifiers)' (Channell 1994) 등으로 불리어지기도 한다. Or나 and와 같은 접속사 없이 쓰이는 경우는 '축소된 부가어(reduced tags)'(Aijmer 1996: 212)라고 하는데, 예를 들면 지시 대상물 다음에 or나 and 없이 something이나 whatever가 바로 쓰인 경우이다(예: "thirty something", "apples whatever").

London-Lund 코퍼스를 대상으로 다양한 지시대상 말미 부가어의 빈도수를 보고한 Aijmer(1996)에 의하면, and로 연결되는 부가어(총 41 가지) 중에서는 and so on이 가장 많이 관찰되었고, and things, and all the rest of it, and everything 등의 순으로 빈도수의 차이를 보이고 있다. 또한 or로 연결되는 부가어(총 15 가지)의 경우에는 or something의 빈도수가 가장 많았고, 그 다음에 or so, or anything, or something like that, 그리고 or what의 순으로 빈도수가 이어졌다.

이러한 지시대상 말미 부가어는 주로 어떤 명제에 대한 화자의 불확실성을 표시하거나 제시된 정보가 근사치(approximization)임을 나타내는 기능을 가진다고 한다(Aijmer 1996: 213). 이러한 표지들은 명제의 진리값에는 영향을 미치지 않고 인식적 기능(epistemic function)이나 감성적 기능(affective function)을 가진다는 점에서 화자의 태도표지(stance marker)라고 할 수 있고 또는 담화표지로도 분석될 수 있을 것이다. 특히 이러한 표현들은 범주를 일반화함으로써 구체적이고 특정적인 정보를 제시하는 것을 피하려는 화자의 태도를 강조하는 기능을 갖고 있다고 할 수 있다(Dines 1980).

지시대상 말미 부가어 등과 같은 소위 '모호한 표현들'(Channel 1994)에 해당하는 표현들은 화자 자신이 가지고 있는 생각이 실제 언어로 표현된 것보다는 더 복잡하다는 것을 나타내고 또한 청자로 하여금 집합의 관련 멤버들을 (굳이 구체적으로 일일이 언급하지 않더라도) 떠올리도록 지시하는 기능을 가지고 있다. 즉, 이들의 담화 기능은 부가어 앞에 제시된 선행 요소를 좀더 일반적인 사례/집합에 대한 하나의 예시/멤버라고 해석하도록 청자를 이끄는 절차적인 기능(procedural function)을 가진다고 할 수 있다(Dines 1980). 이러한 부가어들의 사용은 대화 참여자들 사이에 공유지식(common ground)이 존재하리라는 화자의 믿음에 근거하고 있으며 또한 기지(known)의 자료에 의거하여 미지(unknown)의 사항을 청자가 추정할 수 있으리라는 전제하에 사용되는 것이다. 즉, 청자로 하여금 부가어 앞에 주어진 예시항목에 의거하여 관련된 (미지의) 항목을 추론하는 과정에 참여하게 함으로써, 대화 참여자 사이에 일종의 결속력을 창출하는 데에 기여한다고 할 수 있다.

또한 이런 모호한 표현들은 화자가 적절한 표현이 떠올랐음에도 불구하고 모호한 채로 남아있기를 선호할 때도 사용되는데, 이는 상황에 따라 정확한 정보를 제시하는 것이 부적절하거나 또는 사회적 예법을 그르친다고 여겨질 때 정확한 문구를 언급하는 것을 회피하기 위해서 사용되기도 한다(Channell 1994: 162). 이러한 부가어의 사용은 주어진 상황에 필요한 만큼만의 정보를 제공할 때 적절하게 쓰인다는 점에서, Grice의 양의 격률(Maxim of Quantity)을 준수하는 데에 효과적으로 사용된다고 할 수도 있겠다(Channell 1994).

And로 연결되는 and-tags의 기능에 대하여 Aijmer(1996)는 '구체화(concretization)' 기능과 '강조하는 and everything 부가어(intensifying and everything tags)'로 설명하고 있다. 구체화 기능이란 청자가 기지의 구체적 자료에 근거하여 미지의 사항을 공유지식에 근거하여 추정할 수 있으리라는 화자의 믿음을 반영한다. 다음 예문을 살펴보자.

(29) (Aijmer 1996: 235에서 재인용)
B: ... after all the boys aren't left to do the washing up and that sort of thing
C: bet they are

"doing the washing up"(세탁하는 것)은 남자아이들한테 시키지 않는 일들("the boys aren't left to do")의 범주에 해당하는 전형적인 예로서 빨래를 다림질하는 것 등도 그런 범주에 들어간다고 할 수 있겠다. 즉, 청자는 부가어 앞에 제시된 구체적 예를 근거로 하여 다른 유사한 예들을 추정해내는 것이다.

강조하는 기능은 주로 *and everything*이나 *and all*에 해당하는데[13] 이런 표지들이 강세를 받을 때 앞 서 제시된 명제를 다시 강조하거나 과장하는 기능을 갖는다. 예를 들면 'your Dad'd kill him and all'에서와 같이 극적인 사건을 제시한 후에 이를 재차 강조하거나 혹은 어떤 평가 후에(예: 'this is brilliant and all') 이를 재차 강조하는 기능을 갖는다 (Aijmer 1996: 243).

*Or*로 연결되는 or-tags의 기능에 대하여 Aijmer(1996)는 '근사치표지(approximator)'의 기능과 '울타리표지(tentativizing hedge)'로 쓰인 경우를 지적하였다. '근사치 표지'의 기능은 부가어나 모호한 표현들이 지니는 공통적인 기능이라고도 할 수 있는데 화자가 말하고자 하는 정보를 정확히 기억하지 못할 때 어림짐작을 나타내기 위하여 사용된다. 예를 들면, 다음 예문에서 화자가 정확한 년도는 기억할 수 없고 1858년경일 것이라고 어림짐작을 할 때 *or something like that*이 사용되며 이는 또한 *or so*로 대치될 수도 있다.

(30) (Aijmer 1996: 244에서 재인용)

 A: so that's- he must been born in about eighteen-fifty- eight **or something ike that** I suppose.

한편 or-tags가 '울타리 표지'의 기능으로 쓰이는 경우는, 화자 편에서

---

[13] 지시 대상 말미 부가어는 대체로 강조하는 기능을 갖지 않고 오히려 대상을 격하시키기도 한다. 하지만 *all*이나 *everything*이 포함된 부가어는 강조의 기능을 갖는다.

자신이 제시한 정보가 불확실하고 부정확할 수도 있다는 것을 나타내거나 그 정보의 중요성을 격하시킬 때이다. 이는 그 정보가 해당 담화 상에서 청자한테는 별로 중요하지 않을 것이라는 화자의 판단을 암시하기도 한다. 다음의 예문을 보자(Aijmer 1996: 245).

(31) (Aijmer 1996: 245에서 재인용)
    A: ... and Carolyn got a seat all by herself in the front row **or something.**
    I forgot there was some mix-up or some last minute booking **or something.**

예문 (31)에서는 *or something*이 두 번 관찰되는데, 첫 번째 *or something*은 화자가 제시한 좌석위치가 정확하지 않음을 나타내며 후행발화에서 화자는 계속하여 이를 부연설명하고 있다("I forgot."). 또한 화자는 티켓을 어디에서 샀는지조차 기억이 확실치 않음을 두 번째 *or something*으로서 표현하고 있다. *Or something*이 "I forget"이나 "I don't remember" 등의 표현과 자주 연어관계(collocation)에 있는 것 또한 화자의 불확실한 태도를 나타내는 데에 기여한다고 할 것이다.

또한 or-tags는 발화내용의 중요성을 격하시킴으로서 소극적 공손(negative politeness)기제로도 사용될 수 있다. 예를 들면 "we can have lunch or something."이라는 제안 또한 *or something*을 덧붙임으로써 상대방에게 부담을 덜어주는 역할을 한다.

담화표지 *whatever*의 표현적 기능에 대해서는 4.1에서 자세히 다루도록 하겠다.

3. 시간부사의 담화표지화: now, just

이 장에서는 시간부사로 분류되는 부사들이 어떻게 담화표지로 쓰이는지 살펴보겠다. 먼저 now는 시간부사로 쓰이지 않고, 발화에서 맨 앞에 위치하며 발화의 명제적 의미에 영향을 주지 않고 주로 담화구성 기능을 가졌다는 점에서 담화표지로 분류될 수 있다. 때로는 now가 시간부사로서의 기능과 담화표지로서의 기능을 둘 다 수행하는 경우도 있는데 이는 now가 문법화 과정이 진행 중인 '창발적인 불변화사(emergent particle)'임을 보여주는 것이다(Aijmer 1996: 57-58). "현재 순간에"라는 now의 핵심 의미(core meaning)는 now가 새로운 화제나 새로운 국면으로 이동하는 발판으로서의 기능을 수행함을 설명해준다는 것이다 (Aijmer 1996: 70).

Quirk et al.(1985) 또한 now를 '담화접속사(discourse conjunct)'라고 칭하고 새로운 화제로 관심을 전환하는 기능이 있음을 지적하였다 (Quirk et al. 1985: 638). 이는 또한 Schiffrin(1981, Schourup에서 재인용)의 관찰과도 일맥상통하는데 담화표지로서의 now의 이러한 기능에 대하여 다음과 같이 설명하였다. *Now* is used "to preface evidence, to precede a change in topic or sub-topic, a switch from main to subordinate topic, a switch in speaker stance, in speaker-hearer relationship and so on (Schiffrin 1981b: 14).

Aijmer(1996)는 *now*의 담화기능을 텍스트 구성 기능 및 감성적 기능/평가적 기능으로 설명하고, *now*가 어떻게 해석되어야 하는지는 선행발화와 후행발화 사이에 직시적 관계(indexical relationship)의 결과라는 하였다.

*Now*가 텍스트구성 표지로 쓰일 경우, 대화 행위(conversation actions) 사이의 경계나 담화단위 사이의 경계선을 표시하는 데에 쓰인다. 경계선 표지(boundary marker)로서 now는 화제를 전환할 때나 부차적 화제 사이에서 혹은 말차례를 맡을 때 쓰일 수도 있다.

(32) (Aijmer 1996: 76)

    A: I'm afraid I couldn't I can't remember it well enough
       You can't remember it.
    B: **now** about the Love Song of Alfred Prufrock. what is the poem about?

위의 대화에서 화자 B는 영어수업을 듣고 있는 학생들을 인터뷰하고 있다. A가 "황무지"시에 대한 질문에 대답을 하지 못하자 B는 엘리어트의 시로 화제를 전환하고 있다. 이때 *now*는 화제 전환을 알리는 표지로 쓰인다.

또한 *now*는 이야기체나 논쟁에서 주요한 지점을 표시할 때 사용되는데 예문 (33)에서 의사인 A가 자신이 전문의가 될 확률에 대해 추정해보고 있다.

(33) (Aijmer 1996: 81-82에서 재인용)

A: ... Now I'm third or fourth

now of course there are people you know fifth and sixth not far behind me...

now the first six are going to be the only people who are going to get look in and the first four are the only people who are actually going to make it...

위의 예문에서 *now*는 (오직 상위권 4위까지만 전문의가 되는데 화자 자신은 상위 3위나 4위에 해당한다는) 논의를 도입하고 발전시키는 데에 사용되었는데 화자가 자신의 논의에서 한 걸음씩 전진하고 있음을 강조할 때마다 *now*가 삽입되었음을 알 수 있다.

*Now*의 또 다른 기능은 배경 설명이나 부연 설명을 도입하는 것이다. 아래의 예문에서 A는 자신이 방문했던 (Sete와 Agde사이에 위치한) 캠프사이트를 묘사하고 있는데 이 캠프사이트에 대한 부연 설명을 도입하면서 *now*가 쓰이고 있고 연이어 Sete가 전형적인 지중해 연안의 작은 마을이라고 배경설명을 덧붙이고 있다.

(34) (Aijmer 1996: 85에서 재인용)

A: and then some rushes and then a railway and then a lake sort of a fleet I suppose would be a better description and it's halfway between Sete and Agde. **now** Sete is one of these beautiful towns that has a little bit you know

위에서 살펴본 바와 같이 *now*는 화제도입/화제전환과도 같은 텍스트 구성 기능뿐만 아니라 감성적인 의미(affective meaning)도 갖는다. 이는 Schiffrin이 주장한 *now*의 평가적 기능과도 통하는 것이다. *Now*는 예문 (38)에서와 같이 종종 화자의 평가에 동반되어서 화자의 느낌을 강화시키는 역할을 한다(Aijmer 1996: 91).

(35) (Aijmer 1996: 91에서 재인용)
> D: ... once you've got such a government it-it doesn't agree on every single point. **now** that's dreadful.

또한 *now*가 명령문 앞에 쓰일 때는 서법 표지(modal marker)로서의 기능을 하는데 예를 들면 친근한 감정을 표현할 수도 있고("now come on") 또는 화자가 해당상황에 대하여 참을성이 부족한 것을 나타낼 수도 있다는 것이다("now wait") (Aijmer 1996:93-94).

또 다른 담화표지인 *just*는 *now*와는 달리 텍스트구성 기능보다는 감성적인 기능을 수행하는 것으로 보여진다. Hulquist(1985)는 문어와 구어 데이터에서 *just*의 빈도수를 조사한 결과 *just*가 시간부사로 쓰인 경우는("I've just arrived.") 10% 미만이고 특히 구어 데이터의 경우 대부분이 다 감성적/화용적기능을 수행함을 보고하였다. 즉, *just*는 (a) 명령문을 부드럽게 하기 위해 ("Just take it easy.") (b) 청자가 더 기대하거나 덜 기대할 가능성을 미리 배제하기 위해 ("I'm just looking" (가게 점원에게 하는 말)) 혹은 (c) 화자의 감정적인 개입을 표현하기 위한 감정적 배출구로서 쓰임을 지적하였다. 이 경우 긍정적인 감정일 수도 있고("It was just gorgeous last week.") 부정적일 수도 있으며("The food was just awful.") 혹은 냉소적일 수도 있다("Well, that's just dandy!").

이러한 관찰은 Holmes(1984)와도 일맥상통하는데 *just*가 발화수반력(illocutionary force)을 강화시키거나 혹은 약화시키는 기능이 있다고 보고하였다. 이와 관련하여 *just*는 공손 기제로서 적극적 공손과 소극적 공손을 나타내는 책략으로 쓰인다(Brown & Levinson 1987; Aijmer 1996)[14].

담화표지 *just*가 적극적 공손책략으로 쓰일 때는 극단적인 형용사나 동사-예를 들면 *frightening, unbelievable, fabulous, appalling* 등-와 함께 쓰임이 관찰되었다. 이러한 극단적인 형용사는 (최상급의 형태는 취하지 않고 있지만) 내재적으로는 최상급의 의미를 전달한다. 이렇듯 이미 최고 등급에 위치하고 있는 형용사로 표현된 감정을 더욱 더 강조하고 부추기는 역할을 할 경우 *just*가 사용된다. 따라서 이런 맥락에서 *just*는 유별난 사건 혹은 강한 감정이나 행동을 표현할 때 일종의 '극대화 기제(maximizers)'처럼 쓰여서 "완전히", "절대적으로" 등의 의미를 전달한다(Aijmer 1996: 164-165).

---

14   적극적 공손법(positive politeness)은 존중받고 싶어 하는 청자의 욕구를 인정하는 공손법 전략으로서 가령 상대방에 대한 칭찬이나 상대방 의견에 동의하는 것 등으로 상대방과의 유대감을 강화시키는 책략이 한 예가 될 수 있다. 한편 소극적 공손(negative politeness)이란 강요당하고 싶지 않은 청자의 욕구를 지향하는 공손법 전략으로서 상대방의 독립성을 인정하고 상대방의 영역에 침범하지 않으려는 책략을 들 수 있다(Brown & Levinson 1987).

(36) B: the furniture's limited to say the least

    and the decorations are just appalling.

위의 예문에서 *just*는 'appalling'의 의미가 한껏 발산되도록 과장되게 표현하는 데에 기여한다. 이는 청자와의 공감대를 과장하라는 적극적 공손원칙에 해당하는 것이다. 다음 예문 또한 화자가 자신이 대학의 어떤 부서에 취직하려고 면접시험에 갔었던 이야기를 하면서 감탄어 ("such a nightmare") 앞에 *just*를 사용하고 있다.

(37) (Aijmer 1996: 164-165에서 재인용).

    A: Oh... God

    what an experience

    I don't know where to start you know

    It was **just** such a nightmare

    I mean the whole system of being invited somewhere for lunch

여기서 화자는 감탄사나 극적 어조와 같은 "적극적 참여스타일(high involvement style)"을 사용하고 있다. *Just*는 감탄사인 "such a nightmare" 바로 앞에 쓰여서 화자와 청자간의 감정적 유대감을 강조하면서 청자 또한 화자 자신이 경험하고 있는 감정 상태의 진폭을 느낄 수 있도록 하는 데에 기여한다.

이처럼 화자의 청자 사이의 유대감을 강화시키는 역할을 하는 적극적 공손책략으로 쓰인 것과는 대조적으로 *just*는 소극적 공손책략으로도 쓰일 수 있다. 소극적 공손책략이란 청자가 원하는 것이 방해받지 않도록 하는 책략을 의미하는데 체면위협행위를 수행해야 될 때 이를 간접적으로 표현하여 화자의 주장을 약화시킬 때에 사용된다. 예를 들면 상대방에게 어떤 요청을 해야 할 때 "I'm just wondering..."이라는 표현에서 *just*는 '약화 기제(downtoner)'로서 쓰이고 있다(Aijmer 1996).

*Just*가 지시문(directives)의 발화수반력을 약화시키는 역할을 하는 반면에 어떤 맥락에서는 화자가 주장하는 명제의 진리나 타당성을 강조하는 수단으로도 쓰인다. 이는 *just*의 기능에 대한 Erhman의 주장과도 일치하는데, *just*는 "명제의 진리값이나 명제에 대한 태도에 대한 화자의 권위"(Erhman 1997: 96)를 표현한다. 주로 논쟁맥락에서 *just*는 청자로 하여금 화자의 견해를 받아들이도록 노력하는 데에 쓰인다는 점에서 설득적인 기능을 가진다고 할 수 있다(Aijmer 1996: 170-173; Aarts 1996: 212 참조). 다음의 대화를 보면 A가 비서직을 새로이 시작하는 시점에서 토요일에도 근무하기를 원하는 고용주에 대하여 이야기하고 있다.

(38) (Aijmer 1996: 172에서 재인용)

    B: I think he was told quite firmly that.

    A: I see yes

    B: people **just** don't work Saturday mornings officially in London

    A: no

    B: and that's that

B는 "people don't work Saturday mornings" 대신에 *just*가 첨가된 "people just don't work Saturday mornings"이라고 말한 후 "that's that"으로서 자신의 주장을 납득시키고 있음을 알 수 있다.

4. 인과관계표지: because('cos)

Schiffrin(1987)은 *because*가 "더 큰 텍스트적 단위에 구조적으로 종속되는"(1987: 191), 종속적인 아이디어 단위를 표시하는 표지라고 주장하였고, Schleppegrell(1991)은 담화표지로서의 *be(cause)*를 일종의 상호작용적 표지로서 간주하였다. 즉 화자로 하여금 말차례를 유지할 수 있도록 하며 "화자가 선행발화를 계속하거나 혹은 선행발화를 부연 설명하려는 것"(Schleppegrell 1991: 329)을 표시한다는 것이다. 또한 담화표지로서의 *be(cause)*는 그것과 연결되는 발화문들과 반드시 인과적인 관계를 가질 필요는 없으며, *because*는 때때로 후행 맥락에서 부연 설명이 덧붙여질 것이라는 것을 표시한다는 것이다.

*Because*와는 구분되는 *cos*의 담화기능에 대한 연구로서는 런던에 사는 10대 청소년들의 방언을 분석한 Stenström(1998)을 들 수 있다. Bergen Corpus of London Teenage Language(COLT)자료를 이용하여 *because*와 *cos*를 비교 분석한 결과, Stenström(1998)은 십대청소년 대화에서는 *because*보다 *cos*가 더 많이 사용되며, *cos*가 단지 *because*의 발음이 축약된 형태가 아니라 *because*와는 구분되는 다른 기능이 있음을 보고하였다. 10대 청소년들의 대화에서 종종 관찰되는 *cos(because)*

는 담화표지로의 문법화가 진행 중인 것이라고 주장하였는데, *cos*는 문법적인 종속사로부터 이유나 원인을 표현하는 기능을 거쳐 담화표지로 문법화가 진행 중이라는 것이다. 청소년들의 대화를 보면 *cos*는 대화표지로서, 뒤늦은 생각(afterthought)이나 부가적인 정보를 도입하는 "주제의 연결(thematic link)"로서 혹은 선행담화와 명백한 연관을 보이지 않는 "이접사(離接詞, take-off)"로서 더 많이 사용된다는 것이다. 즉, *cos*는 통사적으로 소위 비종속적인 기능(non-subordinating function)으로 다소 느슨하게 사용되는 것이다. 또한 성인들의 대화를 담고 있는 London-Lund Corpus of Spoken English(LLC)[15]와 비교하여 *cos*와 *because*가 각각 종속접속사로 쓰였는지 비종속접속사로 쓰였는지 분석한 결과 COLT에서는 *cos*의 반 정도가 종속접속사적인 기능을 하고 있음에 반해 LLC에서는 2/3이상이 종속접속사의 기능을 하고 있음이 관찰되었는데, 이는 런던의 젊은 세대들의 언어에 변화가 일어나고 있음을 보여주는 것이다. 다음은 cos의 종속적인 기능과(예문 39) 비종속적인 기능(예문 40)을 보여주는 예이다(Stenström 1998: 138-139). 다음 발췌문에서는 런던교외의 사립학교에 다니는 16세 여학생들 몇 명의 대화인데 Beth의 공부방에 모여 있다.

(39) (Stenström 1998: 138에서 재인용)

    Liz: What were you erm what were you s= how come you were

---

15   LLC는 50만 단어에 이르는 코퍼스로서 1960년대에 런던에서 수집되었고 교육받은 성인의 영국영어대화로 구성되어 있다.

waiting for Jim tonight? //outside.//

Marie: //Ah **cos** I// was just lusting after, no no no no no no no

Liz: You thought I'd got off with him for fuck's sake!

(40) (Stenström 1998: 139에서 재인용)

Marie: I'm gonna lose my voice, I think I wanna be ill actually so
I can go home and don't, don't come back.

Beth: You don't wanna be ill **cos** when I was admitted to the san
I nearly died, I tried everything to get out the san //and she
just wouldn't//

Marie: //I know, mm I think I'll just stay at home.//

(39)에서 (불완전한) 절인 "Ah cos I was just lusting after(왜냐면 내
가 그 남자를 갈망하고 있기 때문이지)"는 Liz의 wh-question에 대한
("How come you were waiting for Jim tonight?) 응답으로서 발화된
것으로서 (생략된) 주절은 "I was waiting."이라고 할 수 있다.

한편 예문 (40)에서는 원인절을 이끄는 (39)의 cos와는 달리 cos가
이접사(離接詞)로서 사용되었는데, 여기서는 화자가 더 부연 설명할 이
야기가 있음을 나타내는 표지라고 할 수 있다. 즉, 비종속적인 cos는 일
단 앞에 휴지(pause)가 있고 새로운 억양 곡선을 가진다는 점에서도 종
속절을 이끄는 cos와 구분되지만, 의미적 범위에 있어서도 차이점을
보인다. 즉, 비종속적인 cos는 주절과 국지적인 연결(local link)을 가
지지 않고 오히려 독립적인 주장을 담고 있으며, 종속어로 사용된 cos
에 비하여 더 넓은 범위를 가지고 있다. cos는 담화표지로서 "지속표지

(marker of continuation)"의 역할을 하며 화자가 계속 발언권을 유지하면서 선행 명제에 대한 부연 설명을 제시하는 데에 쓰인다(예: "cos when I was admitted to the san I nearly died"(내가 San에 입학이 허락되었을 때 난 거의 죽을 뻔 했거든).

5. 포괄적 담화표지: however, still

담화표지를 "말의 단위를 묶는, 순차적으로 의존하는 요소"로서 인접한 발화단위 사이의 관계를 나타내며 국부적인 차원에서 일관성을 구성하는 표지(Schiffrin 1987)로서 분석한 Schiffrin과는 달리 Lenk(1998)는 담화표지가 더 광범위하고 포괄적인 차원에서 쓰이는 경우를 영어 구어 코퍼스를 대상으로 분석하였다. 화제가 본론에서 벗어날 때, 그 시작이나 끝에 쓰여 화제전환(topic shift)이나 화제표류(topic drift)를 표시하며, 대화의 일관성을 유지하고 구축하는 데에 쓰이는 담화표지를 "포괄적 담화표지(global discourse marker)"라고 부르고 이중에서 *however*와 *still*의 포괄적인 기능(global function)에 대하여 연구하였다.

*However*는 본론에서 벗어난 이야기를 종결하고 원래 화제로 돌아올 때 쓰인다. *However*는 화제전환이나 화제표류를 나타낼 때 사용되는데, 비슷한 기능을 수행하는 *anyway*[16]와는 달리 본론에서 벗어난 대화도

---

16   담화표지로서의 *anyway*는 적절한 표현을 찾기 위해 또는 발화를 더 분명하게 하기 위해

여전히 주 화제를 전개하는 데에 중요한 역할을 하고 있음을 보인다.

다음 대화의 주 화제는 B와 그녀의 남편이 그 날 밤 주최하기로 되어 있는 파티에 관한 것인데, B는 초청장을 보내고 나서 그에 대한 회신이 없자 c에게 얼마나 많은 사람들이 파티에 올 것 같은지 문의한다. 다음 대화를 보면 c가 파티가 몇 시에 시작하는지 묻자 B는 8시라고 대답한 후, 자기 남편이 손님을 초청하는 방식에 대한 이야기로 전환한 후 다시 주 화제- 저녁의 파티 -로 돌아올 때 *however*를 사용하고 있다.

(41) (Lenk 1998: 249에서 재인용)[17]

    c: yeah. yeah what time what time do we kick off

    B: eight o'clock

    c: eight o'clock

    B: oh he didn't tell you that

    c: well he probably did but you know what my memory is like

    B:((laugh)) what gave me the clue I had a note from him a couple of days ago to say that he'd tell

    c: yeah

    B: Hyman and Brenda and he didn't mention anybody else and I thought

    c: yeah yes

    B: well this is funny and not having heard from anybody I

본론에서 벗어나는 상황적인 성격을 가지고 있고 일반적으로 어떤 화제를 끝마치는 데에 쓰인다 (Lenk 1998).

17   논의의 편의성을 위해 원래의 대화를 간결하게 표시함.

thought I'd better check up

c: yeah

B: **however** never mind well we'll see you at eight as many of you
   as can come

c: yeah is there anyone we can give a lift to we shall be coming by
   car you see to your…

위의 대화문에서 대조의 의미는 *however*의 사용과 B의 후행발화인
"never mind(신경 안 쓰셔도 될 것 같아요)"에 의해 표현되는데 B가 주
화제에서 벗어난 이야기를 꺼낸 것은, 손님들이 확답을 안 했기 때문에
B가 그 날 파티에 대하여 걱정하고 있음을 보여준다. 하지만 이러한 주
제에서 벗어난 여담(digression)후에 B의 "we'll see you at eight"라는
발화를 통해, B가 파티에 대해 좀더 확신을 갖게 되었음을 엿볼 수 있다.
이처럼 *however*는 주제에서 벗어난 이야기를 종결할 때 쓰이는데, 비슷
한 기능을 하는 *anyway*와는 구분된다고 할 것이다. 위의 대화에서
*however*대신 *anyway*가 쓰였다면 이러한 여담의 내용을 주 화제와 별
로 관련이 없는 것으로 폄하하는 듯한 느낌을 전달할 수 있다는 것이다.
그런데 여담을 종결하는 표지로서의 *however*는 여전히 여담이 상호작
용 측면에서 상당히 중요한 부분임을 보여준다는 것이다(Lenk 1998).
즉, however는 주 화제의 전개/발전에 관련이 있는 여담을 끝낼 때에
쓰인다.

기능면에서 *anyway*나 *however*와는 구분되는 담화표지인 *still* 또한
주제에서 벗어난 이야기를 표시한다고 할 수 있는데, 엄밀히 말하면 *still*

은 "대화적 여담(conversational aside)"을 표시할 때 쓰인다고 하는 게 더 적절할 것 같다(Lenk 1998: 252). Still은 긴 발화 속에 끼여서 개인적 의견을 제시할 때 쓰이는데 아주 짧은 여담으로 쓰여서 자체 고유의 화제를 지니지는 않는다. 즉 객관적인 논조를 지니고 있는 대화에서 화자의 주관적인 입장(앞의 내용에 반대하는)을 잠깐 삽입하고 다시 객관적인 논조로 되돌아 올 때 still이 효과적으로 쓰인다.

담화표지로서의 *still*의 이러한 기능은 '반대(adversativity)'의 뜻을 지닌 *still*의 어휘적 의미와 무관하지 않다. 즉, 담화표지로서 *still*은 사뭇 객관적으로 전개되는 서술 방식에서 잠시 벗어나 선행 주장과 반대되는 개인적이고 주관적인 입장을 잠시 삽입하고 나서 다시 객관적인 서술방식으로 되돌아 올 때 쓰인다는 것이다. 전체적으로 객관적인 서술방식에서 주관적인 의견을 삽입하는 것 자체가 반대의 의견을 제시하는 것으로 보여질 가능성이 있으므로 주 화제의 전개면에서 비연속성을 초래할 수 있다. 하지만 화자는 또한 *still*을 사용함으로서 삽입된 주관적 의견이 화제화되기를 원하지 않음을 표시한다.

다음의 예를 살펴보자. Sharon은 자신이 준교사로서 일하는 환경에 대하여 이야기하고 있는데 자신의 상황을 오랫동안 일해 온 다른 교사들과 비교하고 있다. Sharon은 *well*이라는 발화와 함께 대화적 여담을 삽입하고 있는데, 즉 자기만큼이나 경험이 부족한 Chris라는 교사가 있음을 언급하고 *but still*을 사용하여 여담을 끝맺으면서 자신의 상황과는 대조적인 상황- 적어도 Chris는 교사자격증이 있고 자신은 없음-을 대조하고 있다.

(42)

> Sharon: All these other teachers are old hands.
>
> I mean, they've all been at it forever...
>
> Well Chris is at least experienced besides me=
>
> but **still** he's
>
> you know
>
> ... he's had his certification.

6. 기타 담화표지들: actually, in fact, of course

*Actually*의 화용적 기능은 문장 내 위치에 따라 기능이 달라지는 것으로 관찰되었는데, 문두에 나타날 때는 응집 기능(cohesive function)을 수행하고, 문장 말미에 나타날 때는 사회적 기능(social function), 즉 대화자 사이의 친밀감을 강화하는 것으로 보고되었다(Aijmer 1986).

*Actually*는 종종 비슷한 의미를 가지는 *in fact*와 비교되었는데 Chafe(1986)에 의하면 *actually*와 *in fact*는 둘 다 발화자의 기대감을 표현한다는 점에서 evidential marker라고 불리어 질 수 있다고 하였다. 즉, 어떤 사실이 기대했던 것과는 다르게 진행되었을 때 사용된다는 것이다. Biber & Finnegan(1988) 또한 *actually*와 *in fact*를 태도표지(stance marker)라고 보고 어떤 메시지에 대한 발화자의 태도, 느낌, 판단 혹은 책임 등을 나타낸다고 하였다. Fraser(1988)[18]는 *in fact*를 담화

---

18 Fraser의 연구(1988, 1996)에서 *actually*는 담화표지목록에 포함되어 있지 않다.

표지라 부르고 *in fact*는 화제표지나 또는 부연설명 표지(elaboration marker)로서 쓰인다고 하였다. 뿐만 아니라 *in fact*의 대조표지(contrastive marker)로서의 기능이 Fraser & Malamud-Makowski(1996)에서 주장되었다.

*Actually*의 화용적 기능을 구어자료를 바탕으로 분석한 연구로는 Tognini-Bonelli(1993)과 Lenk(1998)이 있는데, *actually*는 이전 문맥의 발화/주장이나 또는 기존에 일반적으로 수용되는 견해와 자신의 견해가 서로 완연히 다름을 보여주기 위하여 빈번히 사용되는 표지이며 "해석하는 각도를 재배치하는 기능(repositioning the interpretive angle)"으로서 발화를 해석하는 각도를 재배치하는 데 종종 쓰이는 표지라는 것이다. 또한 Tognini-Bonelli(1993)는 *actually*의 담화기능으로서 '예상과는 다름(unexpectedness)'과 '자기수정(self-correction), 완화(mitigation), 도전(challenge)'으로 설명하였다. 비슷한 맥락에서 Lenk(1998)는 *actually*가 '개인의견표시', '이전 내용의 수정 또는 반대', '새로운 화제 소개'의 세 가지 담화기능이 있음을 보고하였다.

*Actually*와 *in fact*의 담화 기능에 대하여 미국영어 구어와 문어 코퍼스를 이용하여 두 표지의 분포도와 쓰임을 분석한 S-Y Oh(2000)에 따르면, 구어자료에서는 actually가 in fact보다 거의 3.7배나 더 자주 쓰임이 발견되었다. 또한 위치에 따라 두 표지가 어떤 차이점이 있는지를 분석하였는데 먼저 빈도수에 있어서는 구어자료와 문어자료에서 공히 actually는 in fact에 비해서 문장 중간에 자주 등장하였다. 그러나 위치와 기능 사이에 일대일 대응관계는 존재하지 않는 것으로 나타났다. *Actually*와 *in fact*가 공통적으로 지닌 의미는 '예상치못함(unexpectedness)'이라고

할 수 있으며 기대하는 바에 모두 반대하는 경우에 *actually*가 쓰이고 기대하는 바를 일부를 수정하면서 그 내용을 강조, 강화할 때는 *in fact*가 쓰인다는 것이다(S-Y Oh 2000). 다음 각각은 *actually*와 *in fact*의 쓰임을 보여주고 있다(S-Y Oh 2000: 251).

(43) ... It seemed to him that a long time had passed before he decided what to do. **Actually**, it was no more than eight or ten minutes...

선행발화에서 주장된 것이나 함축된 것- 아주 오랜 시간이 지난 것처럼 느껴졌었다는 것-을 부정하는 맥락에서 *actually*가 쓰이고 있다. 이와는 대조적으로 (47)에서 in fact는 선행발화의 주장을 반박하는 게 아니라 그 강도를 높이는 데에 쓰인다.

(44) ... Because his mind had been otherwise occupied for the past couple of hours, he did not think to look and see if Jerry Burton's car was still there. **In fact**, he did not think about Jerry Burton at all.

"아예 Jerry Burton에 대해 생각조차 하지 않았다(he did not think about Jerry Burton at al)."라는 주장은 선행맥락의 내용인 "Jerry Burton의 차가 여전히 거기 있는지를 볼 생각을 못했다."라는 내용을 더욱 강조하는 것이다. 여기서 주목할 것은 *actually*가 문장 중간에 쓰였을 때는 선행 맥락의 주장에 반대하는 포괄적인 범위(global scope)와 문장 내에 주장된 명제를 강조하거나 강화하는 국지적 범위(local scope)를 다 가지는데 후자의 경우는 *really*로 대체 가능하다는 것이다. 다음의 예문을 살펴보자(S-Y Oh 2000: 260-261).

(45) A: And I like it just for the noise.

　　B: That's right, but do you **actually** watch it?

(45)는 *actually*가 국지적 범위를 가진 것을 보여주며 *actually*는 *really*의 의미로 쓰여서 문장의 내용을 강조하고 있다. 다음 예문은 *actually*의 다른 용법을 보여준다.

(46) B: It's illegal, but it's not wrong because all their friends do it.

　　　(중략)

　　A: (중략) I'm glad it's not the kind of problem I have to come up with an answer to because it's not

　　B: Well--

　　A: easy

　　B: --I think that the drug thing would **actually** be relatively easy to solve in terms of, of an actual solution to the problem

위의 대화의 전반적인 주제는 범죄로서, 화자들은 마약을 포함한 청소년 범죄에 대하여 이야기를 나누고 있다. A는 이런 문제는 해결하기에 쉽지 않다고 말한다. 이에 대해 B는 "well"이라고 발화함으로써 반대의견이 나올 것임을 예시한 다음에 B의 주장에 대한 반대의견- 마약문제는 비교적 해결하기가 쉽다-을 제시하고 있다. 따라서 *actually*는 어떤 위치에 오든지 의견의 불일치가 나올 것임을 미리 일러두는 데에 쓰인다.

담화표지로서의 *of course*는 주로 대화관리(conversation management) 측면에서 역할을 한다. 즉, 구어에서 *of course*는 상대방 발화에 대한 반응으로서 (최소반응과도 같은) 피드백을 제시할 때와 목록을 소개할 때 쓰인다(Furkó 2007)[19].

(47) (Larry King Show)

King: Give it any thought, because there was a big rumor...

Stewart: **Of course**.

(48) (Larry King Show)

King: Do you think any less of him as a godfather?

Hicks: **Of course** not.

위에서 살펴본 바와 같이 반응표지로서 *of course*는 상대방 발화에 동의할 때도 쓰이지만(예문 49) 동의하지 않을 때도 쓰인다(예문 50).

(49) (Larry King Show)

We expect all three of the major candidates to be with us, that would be Dean, Edwards, and **of course**, Kerry, and we also will have as our experts in studio...

---

19   예문 (47)–(55)는 Furkó(2007)에서 재인용함.

(49)는 *of course*가 Dean, Edwards로 시작되는 목록에 다른 항목을 추가할 때 쓰이는 경우로서 *of course*는 주로 "and" 다음에 빈번하게 관찰된다. 또한 *of course*는 이야기체에서도 자주 나타나는데 이야기구조에서 주로 평가하는 기제로서 쓰이거나 지엽적 이야기(side sequences)를 표시할 때 쓰인다.

(50) (Nancy Grace Corpus)

... came back and said it did not appear there was anything out of ordinary. But

of course, they had no way of actually knowing what was in the car with them.

"물론", "당연히"라는 *of course*의 명제적 의미에도 불구하고 *of course*가 신정보를 표시하는 데 쓰인다는 것은 특이할 만한 일이다. (51)에서 *of course*의 쓰임새를 살펴보자.

(51) (Larry King Show)

I think probably England is the only country where a woman will kiss another women's hand. And indeed, it is only with the sovereign that you do that. But **of course**, you don't actually kiss her hand, you will kiss your own thumb. You take her hand and then kiss your thumb.

(51)에서 여자가 다른 여자의 손에 키스하는 영국의 전통에 대하여 서

술하면서 새로운 정보-사실상 상대방 여자의 손에 키스하는 것이 아니라 손을 잡은 상태에서 자신의 엄지손가락에 키스하는 것이라는 정보-를 *of course*가 이끌고 있다. 여기서 주목할 만한 것은 현 담화상황에서 신정보이기는 하지만 *of course*를 씀으로서 상대방도 이미 알고 있거나 혹은 당연히 알아야 되는 구정보로 처리된다는 점이다.

담화표지 *of course*의 또 다른 기능으로서는 '역할 중심 변환(person-center switch)'을 들 수 있는데 화자가 마치 청자인 것처럼 이야기하거나 또는 청자의 정보 상태가 화자와 동일한 것처럼 이야기하는 경우이다. 주로 상대방을 설득하거나 조종할 때 사용되는데 Aijmer & Simon-Vendenbergen(2004)에 따르면 *of course*는 주로 정치가들이 수사적인 용법으로 많이 사용한다는 것이다. 이러한 맥락에서 *of course*는 "to express knowledgeability and certainty(epistemic stance) as part of their role as persuaders"(p. 1785)라고 할 수 있다. 즉, (52)에서 화자는 이 나라 사람들이 압제적인 정치 체재 하에서 수십 년을 살았다는 사실을 주지시키므로 상대방을 설득하기 위하여 *of course*를 사용하고 있다(Aijmer & Simon-Vendenbergen 2004: 1785).

(52) Larry King Show

You have to remember, **of course**, Larry, that the people in this country have spent decades under a repressive political regime.

담화표지 *of course*는 또한 적절한 표현이 생각나지 않을 때 말채움어로 쓰이거나 (예문 53) 또는 자기 수정시에 사용된다(예문 54).

(53) Oh, Ben, when he walked into the door--**of course**, you know, he had to have the-- he had to go to the hospital with Shawn.

(54) (Nancy Grace Corpus)

That is a crime... a misdemeanor, **of course**, a city ordinance, but still a crime.

저널리즘에서 *of course*는 화제나 관점을 전환할 때 종종 대조의 의미를 지니고 쓰인다.

(55) (The Economic Corpus)

For the best-looking women, this edge is worth as much as ten percentage points. Not everyone looks good in the same way, **of course**. Senator Russ Feingold of Wisconsin triumphed in 2004 an opponent ten years younger and better-looking.

앞서 살펴본 바와 같이 *of course*는 원래의 명제적인 의미인 "as a matter of fact"와 직접적으로 관련되는 의미인 객관적이고 인과적인 관계를 표현한다기보다는 주관적인 추론, 가정, 동의 등의 주관적인 성향을 보인다는 점에서 담화표지의 화용화가 진행된 것이라고 보여진다.

여성언어와 남성언어를 비교하는 맥락에서 *of course*가 지시적 기능과 감성적 기능을 다 가지고 있다고 분석한 Holmes(1995)에 따르면, *of course*가 화자의 확실성을 표현할 때는 지시적 기능을 가진다고 설명하였다(예문 56).

(56) (Holmes 1995: 96에서 재인용)

((One colleague to another in coffee-drinking area at work))

and **of course** Dee won't easily forgive you for that comment you
made

한편, *of course*가 증폭어(booster)로 사용될 때는 감성적 기능을 수
행하는데 자신의 주장을 강화시키는 기제로서 쓰인다는 것이다.

제4장

담화표지의
사회적 의미

Chapter 04

담화표지의 사회적 의미

1. Whatever[20]의 표현적 기능

1.1. 들어가는 말

이번 장에서는 일상 대화에서 자주 사용되는 *whatever*의 기능 중 비수식어(non-modifier)로서 쓰이는 표현적 기능을 보여주고 있다. 다음 대화에서 *whatever*가 담화표지로서 어떻게 사용되는지 살펴보자.

(1) (*Sex and the City*: season 3: episode 9: Easy come easy go)
((여자 주인공 4명이 레스토랑에서 식사를 하고 있다))
Miranda: You've just met. I've had pairs of pantyhose longer.
Charlotte: It's not logical. This is love. It's not logical. It's right in my

---

20   *Whatever*에 관한 부분은 서경희(2008)를 참조했음을 밝힌다.

heart. I feel it's right.

Miranda: Ok, **whatever** ((다소 퉁명스런 음성으로))

((Carrie와 Sam은 두 사람사이의 오고가는 대화에 다소 당황해하며 서로를 바라본다))

Sam: So, how did he look? ((Carrie의 새로운 date에 대하여 화제를 돌리면서))

위의 예문 바로 전에 Charlotte은 같이 식사하러 모인 친구들한테 남자친구인 Trey가 자신에게 결혼 신청을 곧 할 것 같다고 말했다. 예문 (1)은 친구 중 한 명인 Miranda가 두 사람 사이의 관계가 너무 빨리 진행되는 것 아니냐면서 우려를 표명하는 발화로 시작한다("너희들 만난 지 얼마 안되었잖아 심지어 난 그보다 오래된 스타킹도 있는데"). 이런 우려에 대해서 Charlotte은 사랑에 관하여 자신이 평소에 믿고 있는 소신을 피력하고, 미란다 우려에 동의할 수 없는 입장을 갖고 있음을 표명한다. 이후에 Miranda의 발화를 보면 *whatever*를 사용하고 있는데 이는 논쟁을 중지하고 대화를 종결짓는 역할을 한다. 여기에서 *whatever*는 "난 네 의견에는 동의 할 수 없지만 네가 그렇게 생각한다면 할 수 없지 뭐"의 의미를 함축하고 있다고 할 수 있다. 즉, 대화참여자들 사이에서 자칫 불유쾌한 논쟁으로 이어질 수도 있는 대화를 종결하고 다음 주제로 넘어갈 때 *whatever*가 전략적으로 쓰이고 있는 것을 관찰할 수 있다. 또한 여기에서 주목할 만한 것은 *whatever*의 사전적 의미라고 할 수 있는 '어떤 것이든(anything)'이 전달하는 중립적인 의미 이외에도 다소 부정적인 화자의 태도가 나타나 있음을 알 수 있다.

영어에서 *whatever*는 수식어(modifier)로 쓰일 수도 있고 담화표지

(discourse marker) 혹은 집합표지 인식표(set-marking tags)(Dines 1980)의 일부로서 쓰일 수도 있다.

(2) Give me whatever pens you don't want.

(3) I had to go to Kinko's **or whatever.**

(4) A: Will you do it tomorrow?

B: **Whatever.**

*Whatever*는 예문 (2)에서와 같이 어떤 대상을 수식하는 용도로 쓰인 경우로서 '어떤 것이든(anything)'이라고 해석될 수 있는데 이는 문맥에 따라서는 화자의 무관심을 암시할 수도 있다. 따라서 예문 (2)는 다음과 같이 해석될 수 있겠다. "당신이 원하지 않는 어떤 펜이라도 괜찮으니까 주세요. 예문 (3)은 *whatever*가 집합표지 인식표의 일부로서 쓰인 경우인데 화자는 Kinko's(킹코 복사점) 같은 카테고리에 속하는 다른 적절한 항목을 떠올리는 데에 어려움이 있다는 것을 표시하고 있는데 여기서 *or whatever*는 일종의 대화 채움어(conversation filler)로서 사용되고 있다고 할 수 있다.[21] 나아가 *whatever*의 사용은 화자가 정확한 정보를 제시하거나 혹은 정확한 정의를 내리는 것에 대하여 관심이나 열의가 결여되어 있음을 암시할 수도 있다. 예문 (4)는 *whatever*가 다른 지시대상에 덧붙임이 없이 단독으로 쓰인 경우인데 주로 인접쌍의 두 번째 말차례(second-pair part)에서 상대방의 발화에 대한 반

---

[21]   *Whatever*와 공기하는 여러 가지 언어표현 중에서 *or*가 압도적으로 자주 쓰임이 관찰되었다(이예진 2007).

응으로 쓰인다. 이 경우에도 역시 화자가 상대방의 발언/주장이나 혹은 상대방이 취하려고 하는 행위에 대하여 관심이 결여되어 있음을 암시하고 있다. 즉 상대방이 취하려는 어떤 행동에 대해서도 무관심한 태도를 나타낼 뿐 아니라 그에 대한 선결정권을 상대방에게 넘김으로써 책임을 지기를 원치 않는 화자의 태도를 나타낸다고 할 수 있다.

*Whatever*의 사전적인 의미를 살펴보면 다음과 같다(*Dictionary of English Language and Culture*).

첫째, '그 밖에 무엇이든지'

"가방이나 상자 같은 것을 소지하고 있는 것으로 보이는 사람은 경찰에 의해 저지당할 것이다." (Anyone seen carrying bags, boxes, or whatever, was stopped by the police.")

둘째, (놀라움을 나타내며) '도대체'

"저 이상한 동물 좀 봐라! 도대체 무엇이란 말인가? (Look at that strange animal! Whatever is it?)"

셋째, (상대방의 제안이나 요청에 대답할 때 종종 무관심을 보이면서)

A: "전화를 오늘밤에 드릴까요, 아니면 내일 드릴까요?

(Shall I call you tonight or tomorrow?)"

B: "아무 때나 하세요. (Whatever)"

넷째, 부정문/의문문에서 명사/대명사의 뒤에 쓰여서 '하등의 ... 도 (at

all)'의 의미로 쓰인다.

"돈이라고는 전혀 없다. (I have no money whatever.)"

여기에서는 *whatever*가 수식어로 쓰여서 문장의 일부를 형성하는 경우는 분석의 대상에서 제외하고(예문 1의 경우), *whatever*가 담화표지나 집합표지 인식표로서 쓰인 용례를 영어 구어 코퍼스 자료를 중심으로 제시하고자 한다. 즉, *whatever*의 지시적 의미(referential meaning)가 어떻게 화자의 태도(stance), 즉 '실행의지/관심의 결여'(lack of commitment)를 표현하는지를 살펴보고, 이러한 화자의 태도가 어떻게 상대방이나 상대방 의견에 대한 화자의 부정적 태도(negative stance) 표시로 이어지게 되는지를 살펴볼 것이다.

이번 장에서는 *whatever*의 기능을 각각 텍스트적 기능(textual function)과 대인적/상호작용적 기능(interpersonal/interactional function)으로 나누고(Halliday 1985 참조), 각각의 경우에 *whatever*는 어떤 구조적 특성을 지니는지, 공기하는 다른 언어표현은 무엇인지, 그리고 이들이 *whatever*의 의해 표현되는 화자의 태도 - 부정적 태도의 정도 -를 나타내는 데에 어떻게 기여하고 있는지를 살펴본다. 다시 말하면, *whatever*가 수식어로 쓰여서 문장의 일부를 형성하는 경우는 분석의 대상에서 제외하고, *whatever*가 담화표지나 집합표지 인식표로서 쓰인 용례를 영어 구어 코퍼스 자료를 중심으로 살펴보고자 한다. 즉, *whatever*의 지시적 의미(referential meaning)가 어떻게 화자의 태도(stance), 즉 '실행의지/관심의 결여'(lack of commitment)를 표현하는지를 살펴보고, 이러한 화자의 태도가 어떻게 상대방이나 상대방

의견에 대한 화자의 부정적 태도(negative stance) 표시로 이어지게 되는지를 분석할 것이다.

1.2. 선행연구

모호한 지시대상을 표현할 때 사용되는 *whatever* 또는 *or whatever*는 *and so on, and thing like that* 등과 더불어 지시대상 말미 부가어 (referent-final tag)(Aijmer 1996) 혹은 집합표지 인식표라고 일컬어지는데 이는 지시 대상물(referent) 바로 다음에 붙어서 사용되기 때문이다. 이는 또한 'extension particles'(Dubois 1993), 'vague category identifiers'(Channell 1994) 등으로 일컬어지기도 한다. *Or*나 *and*와 같이 접속사 없이 쓰이는 경우는 '축소된 부가어'(reduced tags)(Aijmer 1996: 212)라고 하는데 예를 들면 지시 대상물 다음에 or나 and 없이 *something*이나 *whatever*가 바로 쓰인 경우이다(예: "thirty something", "apples whatever").

Aijmer(1996)는 London-Lund 코퍼스를 대상으로 다양한 지시대상 말미 부가어의 빈도수를 조사했는데, *and*로 연결되는 부가어(총 41가지) 중에서는 *and so on*이 가장 빈도수가 높았고, *and things, and all the rest of it, and everything* 등의 순으로 빈도수의 차이를 보이고 있다. 또한 *or*로 연결되는 부가어(총 15가지)의 경우에는 *or something*의 빈도수가 가장 많았고, 그 다음에 *or so, or anything, or something like that*, 그리고 *or what*의 순으로 빈도수가 이어졌다.

이러한 지시대상 말미 부가어 혹은 집합표지 인식표는 주로 어떤 명제에 대한 화자의 불확실성을 나타내거나 제시된 정보가 근사치

(approximization)임을 표현하는 기능을 가진다고 한다(Aijmer 1996: 213). 이러한 표지들은 명제의 진리값에는 영향을 미치지 않고 인식적 기능(epistemic function)이나 감성적 기능(affective function)을 가진다는 점에서 화자의 태도표지(stance marker)라고 할 수 있고 또는 담화표지(discourse marker)로도 분석될 수 있을 것이다. 특히 집합표지 인식표는 범주를 일반화함으로써 구체적이고 특정적인 정보를 제시하는 것을 피하려는 화자의 태도를 강조하는 기능을 갖고 있다고 할 수 있다 (Dines 1980).[22]

집합표지 인식표 등과 같은 소위 '모호한 표현들'(vague expressions) (Channel 1994)에 해당되는 표지들은 화자 자신이 가지고 있는 생각이 실제 언어로 표현된 것보다는 더 복잡하다는 것을 보이고 또한 청자로 하여금 집합의 관련 멤버들을 (굳이 구체적으로 일일이 언급하지 않더라도) 떠올리도록 지시하는 기능을 가지고 있다는 것이다. 즉 이러한 집합 표시 인식표의 담화 기능은 절차적인 기능(procedural function)을 가진다고 할 수 있는데(Dines 1980), 즉, 부가어 앞에 제시된 선행 요소를 좀 더 일반적인 사례/집합에 대한 하나의 예시/멤버라고 해석하게끔 청자를 이끈다는 것이다. 또한 이러한 부가어들의 사용은 대화 참여자들 사이에 공유지식(common ground)이 존재하리라는 화자의 믿음에 근거하고 있으며 또한 기지(known)의 자료에 의거하여 미지(unknown)의 사항을 청자가 추정할 수 있으리라는 화자의 전제하에 사용되는 것이다. 즉

---

22   이러한 집합표지 인식표나 담화표지의 또 다른 특징은 문어보다는 구어에서 더 많이 사용되고 또한 비격식체의 일상 대화에서 많이 관찰된다는 점을 들 수 있다.

부가어 앞에 주어진 예시 항목에 의거하여 청자로 하여금 관련된 (미지의) 항목을 추론하는 과정에 참여하게 함으로써 대화참여자사이에 일종의 결속력을 창출하는 데에 기여한다고 할 수 있다.

또한 집합표지 인식표와 같은 소위 모호한 표현들은 화자가 적절한 표현이 떠올랐음에도 불구하고 차라리 모호한 채로 남아있기를 선호할 때도 사용되는데, 이는 상황에 따라 정확한 정보를 제시하는 것이 해당 상황에서 부적절하거나 사회적 예법을 그르친다고 여겨질 때 화자가 정확한 문구를 언급하는 것을 회피하기 위해서 사용되기도 한다(Channell 1994: 162). Channell (1994)에 따르면, 이러한 부가어의 사용은 주어진 상황에서 필요한 만큼만의 정보를 제공할 때 적절하게 쓰인다는 점에서, Grice의 양의 격률(Maxim of Quantity)을 준수하는 데에도 효과적으로 사용된다고 할 수도 있겠다.

Or로 연결되는 or-tags의 기능에 관해서 Aijmer(1996)는 '근사치표지(approximator)'의 기능과 '울타리표지(tentativizing hedge)'으로 쓰임을 보고하였다. '근사치 표지'의 기능은 부가어나 모호한 표현들이 지니는 공통적인 기능이라고도 할 수 있는데 화자가 말하고자 하는 정보를 정확히 기억하지 못할 때 어림짐작을 나타내기 위하여 사용된다. 화자편에서 자신이 제시한 정보가 불확실하고 부정확할 수도 있다는 것을 나타내거나 그 정보의 중요성을 격하시킬 때는 '울타리 표지'의 기능으로 쓰인다는 것이다. 이는 또한 그 정보가 해당 담화 상에서 청자한테는 별로 중요하지 않을 수 있다는 화자의 판단을 암시하기도 한다.

Blake et al.(1999)은 whatever를 Schiffrin(1987)의 통합적 접근법(integrative approach)을 이용하여 분석하였는데 담화표지로서의

whatever는 문자적 의미인 '어떤 것이든(anything)'에서 파생되었다고 보고 해당 발화에 대한 화자의 실행의지/관심의 결여의 다양한 정도를 나타내는 데 쓰인다고 주장하였다. Whatever의 기능을 (i) 대화 채움어와 (ii) 부정적 평가 표지라고 분류하고, 화자의 관심 결여의 정도는 대화 채움어로 사용될 경우는 비교적 약한 편이고 부정적 평가 표지로 쓰인 경우는 더 강하게 표현되는 편인데, 이는 결과적으로 화자의 부정적 태도를 암시한다고 주장하였다. 또한 whatever가 담화표지로 쓰일 때에는 두 번째 음절에 강세가 옴으로써 수식어나 대명사로 쓰이는 whatever와는 구분이 됨을 지적하였다. 비슷한 맥락에서 후속연구인 Benus et al.(2007)에서도 비수식어로 사용된 whatever가 세 가지 기능 즉 (a) 말채움어(filler), (b) 중립적 표지(neutral marker), 그리고 (c) 부정적 표지(negative marker)의 기능을 수행하고 있다고 분류하고,[23] 부정적 의미의 다양한 강도를 결정짓는 것이 운율(prosody)임을 실험을 통하여 증명하였다. 즉 부정적 의미는 whatever가 더 길게 발음될수록 또 더 강한 음조 진폭(pitch excursion)을 가질수록 또 whatever의 첫 두 음절 사이에 분리된 억양을 가질수록 강해진다는 것이다.

---

[23] 다음은 각각의 기능에 대하여 제시된 예문들이다.

(1) I don't wanna waste my time buying a prom dress **or whatever.**

(2) A: Hey Ritchie, you want these over here?

B: Yeah, **whatever,** just put them down.

(3) So she ordered all this stuff and two days ago she changed her mind. I was like, **whatever.**

Kleiner(1998)에 따르면, whatever는 논쟁의 현장에 반대편이 존재하지 않는 의사논쟁(pseudo-argument)의 맥락에서 부재한 반대편(absent antagonist)의 입장을 제시할 때 쓰인다고 한다. 이러한 맥락에서 *whatever*가 하는 일은 *whatever* 바로 이전에 발화된 것이 화자의 입장이 아닐 뿐 아니라 화자 자신이 주장하는 바 또한 아니라는 것을 나타내는 것이다. 즉, *whatever*는 발화된 내용이 '다른 사람에 의해 발화되고 주장된 입장'(other-authored position)임을 표시하며 그 내용에 대하여 화자 자신이 동의하고 있지 않음을 나타낸다는 것이다. 이와 관련된 Kleiner(1998: 604)의 예문을 살펴보면 다음과 같다.

(5) (Kleiner의 예문에서 발췌)
1   A: … And they kind of think- like they desERVE it. -
2   Because- THEY grow up in the inner-city, and WE grew up
3   in West Bloomfield and Farming Hills
4   **or whatever.** So they-they deserve it. Cause our mommy
5   and daddies could afFORD it. And they don't know. And
6   I think that THEY generalize a lot too.

(5)는 대학캠퍼스의 인종차별에 대한 토론 중에서 발췌한 것으로서 대화참여자들 사이에 찬성편과 반대편으로 나뉘어지는 의견의 불일치가 없다는 점에서 소위 논쟁 담화와는 구분되는 의사 논쟁이라고 정의된다(Kleiner 1998). 즉, 캠퍼스 내 인종차별과 같은 윤리성이 내재된 논의에는 오직 (의견의) 찬성자(protagonist)만 존재하고 반대편(antagonist)은 존재하지 않게 된다는 점에서 일반적인 논쟁 담화와는 구분되는 의사

논쟁의 특성을 지닌다는 것이다. 따라서 논의의 정당성을 위해서는 부재한 반대편의 입장이나 지지가 찬성자들에 의하여 끊임없이 제시된다는 특징을 가지고 있다.

발췌문 (5)에서는 참여자들이 흑인대학생들에게 더 많은 장학금 수혜의 기회가 주어지는 현 제도에 대하여 논의하고 있는데, 단지 흑인이라는 이유 하나만으로 흑인 학생들이 장학금의 수혜자가 되어서는 안 되고, 장학금의 수혜자가 되기 위해서는 일을 해야 할 것이라는 입장을 피력한 후에 이어지는 발화이다. A는 1번 줄에서("and they kind of think-") 부재한 반대편의 입장을 제시하고 그를 지지하는 것처럼 보인다. 이는 결국 '다른 사람에 의해 발화되고 주장된 입장'을 소개한 경우로서 다른 사람의 입장/믿음을 제시하고 있는 것이다. 이는 또한 '다른 사람 입장에 대한 지지'(other-authored support)로 ("Because- THEY grow up...")가 이어지는데, 그 뒤에 바로 쓰인 *or whatever*를 통해 A는 자신이 제시한 입장/지지의 타당성이나 가치에 대하여 화자 자신이 수용하지 않을 것임을 나타낸다. 즉 자신이 제시한 입장에 대해 의문을 제기하고, 후행 맥락에서는 그 입장을 반박하는 화자의 논의가 이어진다. 이와 같은 의사 논쟁 맥락에서 *whatever*는 그 앞에 제시된 논의를 '다른 사람에 의해 주장된 (other-authored)' 의견으로 간주하고 나아가 화자가 그 내용에 대하여 공감하지 않거나 반박 하고 있다는 것을 표시한다(Kleiner 1998: 604).

위와 같은 문헌연구와 코퍼스 분석에 근거하여 저자는 *whatever*의 기능을 '화자의 실행의지/관심의 결여'를 나타내는 것으로 본다. 즉 '화자의 실행의지/관심의 결여'는 때로는 '정확한 발화를 하고자 하는 의지의 결여'(lack of commitment to a precise definition of meaning)나 혹은

'상대방이 제시한 가능성 중에서 어느 것이라도 상관없다는 관심의 결여'(lack of commitment to any course of actions)로 표현될 수도 있다. 이는 화자의 무관심한 태도를 암시하기도 하고 때때로 상대방을 무시하는 태도로 이어지기도 하며 상대방과의 논쟁 맥락에서 발화되는 *whatever*는 종종 현 대화 상황이 해결될 수 없음을 표시하기도 하며, 이는 상대방의 의견을 받아들일 수 없다는 화자의 부정적 태도로 연결되기도 한다. 이러한 맥락에서 *whatever*는 때로는 한 주제를 마치고 다른 주제로 전환하는 기제로 쓰이기도 한다. 이와 같이 맥락에 따라서 *whatever*는 화자의 무지/무시에서부터 화자의 불관용/회의적 태도까지 표현할 때 쓰임으로써 화자는 중립적인 입장에서 부정적인 입장에 이르는 다양한 범주의 태도를 나타 낼 수 있는 것이다.

따라서 본 저자는 *whatever*의 표현적 기능을 살펴보는 데 있어서 (1) 기능과 구조적 특성에 따라서 텍스트적 기능과 대인적/상호작용적 기능으로 분석하고 (2) *whatever*에 의해 표현되는 화자의 부정적인 태도의 강도가 맥락에 따라 어떻게 달라지는지 제시하고 있다. 여기서 텍스트적 기능이란 (*or*) *whatever*가 앞서 나열된 지시대상 바로 뒤에 부가어로 쓰여서 텍스트 연결기능을 수행하는 것으로 정의되고, 대인적/상호작용적 기능이란 *whatever*가 어떤 지시 대상에 붙어 나타나지 않고 단독으로 쓰인 경우로서 주로 인접쌍의 두 번째 말차례에서 상대방의 발화에 대한 반응으로 쓰인 경우를 지칭한다.

*Whatever*에 의해 표현되는 화자의 태도는 텍스트적 기능을 수행하는 경우에는 대체로 화자의 중립적인 태도를 보이는 성향이 강했으나 대인적/상호작용적 기능을 수행하는 경우에는 화자의 부정적 태도가 좀더

강하게 드러나는 것으로 관찰되었다. 본 연구에서는 데이터의 성격상 운율이나 어조의 요소를 고려할 수 없었으나 화자의 부정적 태도는 *whatever* 발화시의 운율/강세/억양 등에 의해서 영향을 받는다는 점을 지적하고자 한다(Blake *et al.* 1999 참조).

1.3. 자료 및 방법론

본 연구에서는 두 가지 코퍼스를 사용하였는데 주로 Michigan Corpus of Academic Spoken English(MICASE)와 On line concordance 에서 지원 가능한 US TV Talk의 자료를 사용하였다. MICASE는 미시간 대학(앤아버 캠퍼스)에서 수집된 구어 자료로서, 대학에서 최근에 사용되고 있는 언어를 중심으로 녹음된 약 1백 7십만 정도의 단어수로(190시간) 구성된 방대한 자료이며 많은 수의 참석자와 다양한 개별 말 사례(speech-event) 종류를 망라하고 있다. 교실에서 녹음된 자료로는 대형강의, 소형강의, 소그룹 토론, 소그룹 실험실, 세미나, 학생들의 발표 등을 포함하고 있고 교실이 아닌 다른 곳에서 녹음된 자료로는 상담 그룹, 개별지도 등을 포함하고 있어서 학술 구어(academic speech)를 문법, 어휘, 기능, 목적 등의 측면에서 연구하는 데 유용하며, 서로 다른 전공들 간에, 혹은 서로 다른 수업들 간에 어떤 특징이 존재하는지에 대한 실마리를 제공해 줄 수 있는 코퍼스라고 할 수 있다.[24]

이 두 가지 주된 코퍼스 외에도 영어팝송에 나오는 가사나 미국 드라마에서 우연히 듣게 된 발화 또한 분석 대상으로 삼았다.

---

24   MICASE는 www.las.umich.edu/eli/micase에서 찾아볼 수 있다.

1.4. Whatever의 기능

1) Whatever 1: 텍스트적 기능(Textual Function)

*Whatever*가 앞서 나열된 지시대상 바로 뒤에서 부가어로서 쓰일 경우에는 텍스트적 기능을 수행한다. 즉 선행 텍스트와의 일관적인 관계(coherent relation)를 유지하기 위하여 쓰이는 경우인데 지시대상 말미 부가어나 집합표지 인식표에 해당되는 경우라고 할 수 있다. 선행 지시대상 바로 다음에 연결어인 *or*가 쓰여서 *or whatever*의 형태가 주로 관찰되는데 때로는 연결어인 or가 생략된 형태인 소위 '축소된 부가어'인 *whatever*만 사용되기도 한다. 이러한 *whatever* 1의 기능은 대화 채움어라고도 할 수 있는데, 주로 화자가 정보탐색이나 인지과정에서 난관이 있음을 표시한다. 즉 화자가 무엇인가를 말해야 될 때, (a) 적절한 말이 떠오르지 않거나, (b) 해당 문맥에서 정확한 정보를 제공할 필요가 없거나, (c) 자신의 발화에 대하여 확신성이 결여되어 있거나, 혹은 (d) 정확한 정보를 제공하는 것을 회피하고자할 때 사용된다. 아래의 예문에서 관찰되는 바와 같이 텍스트적 기능을 수행하는 *whatever* 1의 또 다른 구조적 특징은 화자 자신의 말차례에서 대화 채움어로서 사용된다는 것이다. 이는 상대방의 발화에 대한 반응 말차례(responsive turn)에서 상호작용적 기능을 수행하는 *whatever* 2와는 구분된다고 하겠다. 다음의 예문을 살펴보자.

(6) (MICASE)

S2:　… you know and it's like an eighty-page thing and like ten of pages are color, [S1: yeah] so that's i had to go t- for the ten pages of color i had to go to Kinko's **or** *whatever*. [S3: right] she doesn't think it through but if i was like, explain_ i just don't even want to hassle her about it

화자가 컬러 프린트를 하기 위하여 킹코나 또는 그에 준하는 복사점에 가야된다고 이야기하는 맥락에서 킹코 이외의 다른 명칭이 떠오르지 않자 or whatever를 사용하고 있다. Whatever는 집합표지 인식표의 일부로서 or whatever의 형태로 자주 쓰이는데, Dines(1980)는 집합표시 인식표의 담화 기능에 대하여 "선행 요소를 좀더 일반적인 사례에 대한 하나의 예시라고 해석하도록 청자에게 힌트를 주는 것"이라고 주장한다 (1975: 22). 예문 (6)에서 "킹코든지 아님 다른 데든지"라고 발화함으로써, 화자는 킹코보다는 좀더 일반적인 개념을 표현하게 된다. 즉 집합원소 중 단 한 개만 (위의 대화문에서는 '킹코')을 호명하고 다른 불특정한 가능성이 존재함을 지적함으로서 지시대상 집합의 정확한 본질은 감춰진 채로 남아있게 된다. Dines(1980)에 따르면 영어에서 부분을 미지의 전체와 연결시키거나 혹은 모호한 아이디어 집단에 연결시키는 경우에도 집합표시 인식표가 사용된다고 한다.

이와 같은 맥락에서 whatever에 의해 전달되는 메시지는 '정확한 발화를 하고자하는 의지의 결여'라는 화자의 태도를 나타내고 있다. 여기에서 특이할 만 한 점은, whatever가 가진 이러한 의미와 결합 되어 집합표시 인식표는 종종 격하조의 뉘앙스를 담는다는 것이다. 이는 다음에 자세하게 논의될 것이다.

예문 (7) 또한 whatever가 대화 채움어로서 쓰인 경우이다. Or

*whatever*로 대치되었던 미지의 부분("bringing up a family")을 화자가 후행 맥락에서 직접 채워 넣고 있다.

(7) (BNC 2)

think some feminists take that view, that they're not equal to a man unless they're earning money. But that staying at home and looking after the children, **or whatever** and bringing up a family is just as valuable as a job, or a career.

예문 (7)에서 화자는 여자들이 직업을 갖고 돈을 벌지 않으면 남자들과 동등하다고 할 수 없다고 믿는 몇몇 페미니스트들의 견해에 반대하면서 집에서 (직업을 안 가진) 여자들이 하는 일들도 직업을 갖는 것만큼 가치 있는 일임을 주장하고 있다. 여기서 화자는 자기의 주장을 옹호하기 위하여 여자들이 집에서 일상적으로 하는 일들을 나열하고 있는데 "staying at home"과 "looking after the children"을 열거한 후에 세 번째로 나열할 말이 떠오르지 않자 *or whatever*를 사용하고 있다. 여기서 주목할 것은 화자가 *or whatever*를 발화하고 난 후 다시 "bringing up a family"라는 대안을 제시함으로써 앞서 불완전했던 목록을 화자 스스로 완성하고 있다는 것이다. 이는 *whatever*가 적절한 말이 떠오르지 않을 때 사용되는 대화 채움어로서의 기능을 하고 있음을 보이고 있다.

집합표지 인식표로서 *whatever*의 이러한 특징은 다른 집합표지 인식표와는 구분된다고 할 수 있다. 일반적으로 집합표지 인식표와 같은 모호한 표현들을 사용하는 이유는 굳이 상세한 정보를 덧붙이지 않고 모호한 채로 남아있어도 앞서 명명된 멤버들에 의거해서 상대방이 해당 정보를 알아낼 수 있을 거라는 화자의 전제하에 사용된다(Jucker *et al.* 2003). 이는 대화 상대방으로 하여금 (그 집합에 속하는) 빠진 항목을 찾아내도록 이끌기도 하는데, 즉 대화 상대방으로 하여금 빠진 항목을 찾아내고 이를 제공할 거라고 기대한다는 점에서 대화 상대방에게 책임을 더 넘기는 행위라고도 할 수 있겠다. 하지만 이와는 대조적으로 예문 (7)에서 살펴본 *whatever*의 사용은 대화 상대방에게 목록을 완성해 주기를 기대하는 대신에 화자 자신이 빠진 항목을 채워넣고 있다. 또한 때로는 빠진 항목을 채우려는 시도 없이, 정보가 모호한 채로 남아있기를 선호하는 화자의 태도가 나타나기도 한다. 이는 청자에게 정확한 정보를 제시하지 않더라도 전체 담화의 흐름에는 별 영향이 없으리라는 화자의 판단을 드러낸다고도 할 수 있겠다. 다음의 예문에서도 이와 비슷한 화자의 태도를 관찰할 수 있다.

(8) (MICASE)
S2: right. so we've got two points the sort of, international, um... [S3: politics] **or** [S3: or] **whatever** i don't know how you say it unity of oppression [S3: mhm] **whatever**, like the, connections [S3: mhm] between oppression. um, and then the creating sort of African, links to sort of African history, and culture. [S3: mhm...]

예문 (8)에서는 *whatever*가 두 번 쓰이고 있는데 처음에는 집합표지 인식표로서 쓰이고 두 번째는 축소된 부가어로 쓰이고 있다. 화자 S2가 "international"이라고 발화한 후 대화 채움어인 "um"을 발화함으로써 적절한 말을 찾고 있음을 보인다. 이에 대화 상대방(S3)이 "politics"라고 발화하면서 화자 S2가 채우지 못한 항목을 완성해주고 있다. 그 다음 맥락에서 화자 S2는 *or whatever*를 발화함으로 또 다른 불특정한 가능성이 있음을 암시한다. 이에 이어서 화자 S2는 "I don't know"라고 말함으로써 두 번째 쓰인 *whatever* 발화 바로 전에 화자 자신이 제시한 정보("unity of oppression")에 대하여 확실성이 결여되어 있음을 강조하고 있다. 따라서 두 번째 쓰인 *whatever*는 화자가 자신이 제시한 정보에 확실성이 결여되어 있음을 나타내는 표지라고 할 수 있고, 연어로 쓰인 담화표지인 *like* 또한 이를 강조하고 있다고 볼 수 있다.[25] 즉, *whatever*는 담화표지로서 화자가 적절한 말이 떠오르지 않음을 나타내는 표지일 뿐만 아니라 화자가 자신의 발화내용에 확신성이 결여되어 있음을 나타내는 기능을 갖는다. 이는 *whatever*가 정보나 인지적인 층위에서 쓰임을 보여주는 예로서, 이러한 기능을 가진 *whatever*의 주위맥락을 살펴보면 머뭇거림을 보이는 휴지(pause)나, 다른 대화 채움어 혹은 다른 집합표지 인식표들과 공기하는 현상이 종종 관찰된다.

앞서 논의된 바와 같이 *whatever*가 다른 집합표지 인식표와 다른 점은 화자가 관련된 항목을 나열하는 데에 어려움이 있음을 표시하면서도

---

[25]   담화표지 *like*는 어떤 진술의 앞이나 뒤에 쓰이면서 그것이 문자 그대로 해석되지 말아야 된다는 것을 나타내는 표지라고 할 수 있는데 숫자 다음에 쓰이는 '근사치 표지(approximator)'로서의 기능과 기술 다음에 쓰이는 '울타리 표지(hedge)'의 기능을 가진다. 즉 *like*는 화자가 청자에게 주는 정보처리지시(process instruction)로서 *like*와 함께 쓰인 명제들은 화자가 제시하고자 의도했던 생각과는 아주 유사하지 않고 단지 개략의 근사치에 해당한다는 것을 표시한다 (Jucker & Smith 1998).

대화 상대방으로 하여금 그 항목을 제시하도록 기대하지 않는다는 것이다. 즉 해당 담화에서 모호하거나 혹은 미지인 채로 남아있는 것을 오히려 선호하는 화자의 태도를 보여준다고 할 수 있다. 예문 (9)를 살펴보자.

(9) (MICASE)

S5: but isn't lytic and lysogenic just whether, it dies or not? whether the cell's destroyed after

S1: right. because, in in one condition in one case like, the cell that's gets infected, will explode and like, **whatever**. right? but like, in another case it could be two or three cells that, after several replications that it does that.

S5: so what does that mean for the transposons?

(9)에서 "감염된 세포는 파열될 것이다"라는 S1의 발화 후에 집합표지 인식표인 *and like*가 쓰여서 자신이 제시한 정보와 근사치를 갖는 다른 가능성이 있음을 시사하고 있다. *And like* 이후에 또 집합표지 인식표인 *whatever*가 사용되고 있는데 이는 "세포가 파열될 것이다"라는 명제 외에 어떤 다른 명제로 채워지더라도 화자가 크게 개의하지 않음을 강조하고 있다. 빠진 항목을 청자로부터 기대하는 대신에 화자는 "right(맞죠)"하면서 청자로부터의 긍정적인 반응을 촉구한 후에[26] "but"을 사용

---

26   다음 예문에서도 지시대상 + *or whatever*의 구조를 갖는 발화문에서 청자(S1)는 상대방이 빠뜨린 항목을 제시하는 대신에 *or whatever*와 연결된 지시대상을 다시 한 번 반복해줌으로써("the Q-cycle") 이를 재확인해주고 있다.

S2: and then i have a question

하여 관련된 다른 주제로 전환하고 있다. 이는 이전에 제시된 정보는 모호하게 놔둔 채로 대화가 진행되어도 현 담화 상에서 별로 문제가 되지 않을 것이라는 화자의 태도를 나타내면서 동시에 다른 주제로 무리 없이 넘어가기 위해서 사용된 것으로 보인다. 이처럼 어떤 것을 취하든지 화자가 별로 개의치 않음을 나타내는 *whatever*의 의미는 다음 예문에서도 살펴볼 수 있다.

(10) (MICASE)

S15: or, or you could say, or you could_ but i mean at the same time you could say pornography's a type of erotica. [S1: okay] i mean it's universal.

S1: yeah which is [S9: i don't i don't,] the bigger one i don't know.

S3: A-N-P how do you spell that?

S1: A-N-A.

S2: and then the Q cycle, th- that's ubiquinol right? that's not for plants.

S1: what's not for plants?

S2: the Q cycle **or whatever.**

S1: the Q cycle.

S2: you know the one where ubiquinol carries electrons

여기에서 *or whatever*의 쓰임은 Lighter(1998)가 지적한 바, '단정적인(peremptory) or what?'의 기능을 갖는 것으로 볼 수 있다. 즉 "Do you love it, or what?"라는 발화는 "of course you love it, and if you don't you'd better get ready to explain yourself"를 암시한다고 볼 때(Ligher 1998: 120), "or what?"은 yes-no 질문의 형태로 쓰이긴 했으나 상대방이 완전히 동의하기를 기대하는 단호하고 절대적인 명령의 의미를 담고 있는 것으로 볼 수 있는 것이다.

S9: well, i don't know i think like that there're, things about erotica like fall under the umbrella of pornography but i don't know if goes vice versa. **whatever**, same thing.

예문 (10)에서는 에로티카(성애를 다룬 예술)가 포르노그래피의 산하에 있다고 해야 되는지 혹은 반대로 포르노그래피가 에로티카의 산하에 있다고 해야 되는지에 대해 서로 이야기하다가 어떻게 되어도 상관없다는 화자 S9의 태도를 보이고 있다. 또한 화자가 *whatever*를 발화한 직후에 "same thing"이라고 덧붙이고 있는데 이는 두 개념 사이의 상하 관계가 중요하지 않고 결국 동일하다고 주장함으로써 '상대방이 제시한 가능성 중에서 어느 것이라도 상관없다는 관심의 결여'라는 화자의 태도를 재차 강조하고 있다.

앞서 논의된 바와 같이 *whatever*는 화자가 항목을 열거하는 데에 어려움이 있음을 표시할 뿐 아니라, *whatever* 바로 앞에 열거한 내용에 대하여 화자의 확신성이 결여되어 있음을 나타내기도 한다. 다음을 살펴보자.

(11) (MICASE)

S3: it's, yeah it's like um, this activator activates one thing for an operon like in in prokaryotes, [S4: mhm] but i- or on on on one on one strand of D-N-A **or whatever** right? [S1: mhm] [S4: right] or or not one strand but one,

예문 (11)에서는 "one strand of DNA or whatever(한 줄의 DNA나

뭐 그런 거)"라고 발화한 뒤 바로 "맞죠?(right?)"하면서 청자의 동의를 구하고 있다. 이는 청자에게 빠진 목록을 채워달라고 요청하는 신호라기보다는 있는 그대로의 정보 상태로 대화를 진행할 것임을 촉구하는 것으로 해석될 수 있다. 바로 후행맥락에서 발화된 청자의 반응("mhm")은 말을 계속 진행하라는 신호(go-ahead signal)로 보인다. 여기서 일단 정보가 모호한 상태로 담화가 지속되고 있음에도 불구하고 화자는 자신이 선행맥락에서 제시한 정보의 불확실성에 대해 여전히 정향하고 있음을 알 수 있다. 즉 상대방(S4)으로부터 "right(맞아요)"라는 신호를 받은 이후에 화자자신이 *or*로 시작되는 다른 대안을 제시하는 것은 앞서 불확실하고 불완전한 정보를 제시한 데 대한 일종의 수정(repair)행위로 볼 수 있다.

정보전달의 정확성이나 선택에 대하여 관심을 별로 보이지 않는 화자의 태도는 예문 (12)에서와 같이 화자가 *whatever*를 발화한 이후 "I don't care"라는 발화를 덧붙임으로써 재차 강조되기도 한다.

(12) (MICASE)
the UGLI? UGLI? is that UGLI or a coffee shop **whatever**. (xx) i don't care. (me neither) i mean what's close to where you guys are? this. ...

(12)에서는 화자가 어떤 장소를 기억해내려고 하면서 UGLI였는지 아니면 coffee shop였는지 확실치 않음을 *whatever*로서 나타내고 있는데, 바로 뒤에 이어서 발화되는 "I don't care"를 통해 그 장소를 정확히

기억해내는 일이 현 담화상황에서 화자에게 그리 중요한 일이 아님을 시사하고 있다. 또한 청자 또한 "나도 별 상관없어(me neither)"라고 응수함으로써 대화자 쌍방간에 합의점을 보이고 있다.

이러한 맥락에서 *whatever*는 종종 화자가 전달하는 진술의 의미나 중요성을 축소시키거나 격하시키려는 화자의 태도를 나타낸다고 할 수 있다. (*Or*) *whatever*와 같은 어구가 전달하는 의미는 "그 항목은 긴 리스트에 속해있는 하나의 구성요소일 뿐이며 이는 나머지 요소를 일일이 다 언급하려고 노력할 가치가 없음을 드러내는 것이다"(Haiman, Suzuki 로부터 재인용, 1998: 458).

*Whatever*는 인지적인 어려움에 기인하여 적절한 말을 바로 찾지 못했을 때 혹은 자신이 발화한 것에 대하여 확신성이 결여됨을 나타낼 때 쓰이는 외에도, 구체적 정보를 언명하지 않으려는 화자의 태도를 강조하고 있다고 하겠다. 즉 *whatever*는 정보에 대한 불확실성을 나타내는 화자의 정보전달에 대한 인식론적 태도 이외에도 화자의 감정을 전달하는 데에 기여하고 있다고 할 수 있는데, 이는 사회적인 이유 혹은 상호작용적인 이유 때문에 구체적이고 특정한 정보를 언명하기를 피하려는 화자의 정의적 태도(affective stance)를 나타내는 것으로 볼 수 있다.

예문 (13)은 "Sex, Gender and Body lecture"의 한 부분으로서 토론에 참여한 학생들이 플레이보이와 같은 잡지에 등장하는 여자 모델들의 몸에 관하여 이야기하고 있다.

(13) (MICASE)

S5:   a- are they less um, do they have less um, like fake breasts and
       stuff, do you know [S1: in Playboy?] like than than in Playboy
       does Playboy have more have the [S1: (boy)] because it,
       advertised [S1: (xx)] more like the lifestyle versus like the actual
       explicit acts of, [S1: right] you know submissiveness and, yadda
       yadda.

S1:   you know that i don't know <LAUGH> um, [S5: i dunno. i've,
       never looked at it.] right, no th- <SS: LAUGH>[S3: we actually
       bought one] no i [SU-f: mhm] assume, some women in Playboy
       probably have had, <END BACKGROUND NOISE> artificial,
       whatever um i- as much as, women in Hustler or whatever, um
       i don't know if there have been any studies on that, actually. but
       you can check yes Rachel.

위 대화의 주제는 성형수술에 관련된 내용으로 다소 민감한 성격을
지니고 있다. 이는 화자들이 '성형 수술한 가슴'(fake breast)을 언급할
때 울타리 표현 등과 같은 모호한 표현을 쓰고 있다는 점에서도 잘 드러
난다. 즉, S5는 성형 수술한 가슴을 언급하면서 *like*와 같은 울타리 표현
이나 *and stuff* 과 같은 집합표지 인식표를 같이 쓰고 있다("like fake
breast and stuff"). 또한 S5의 말차례 마지막 부분에 발화된 "yadda
yadda"를 통해서도 상세하게 언급하기를 회피하는 화자의 태도를 엿볼
수 있다. S1 또한 자신의 마음속에 있는 생각을 명확히 표현하는 것을 회
피하고자 *whatever*를 사용하고 있음을 알 수 있다. 앞에서 'fake breast
and stuff(성형수술한 가슴이나 뭐 그런 거)'라는 주제와 연관지어

"artificial(인위적인)"이라고 기술한 뒤 '가슴'이나 혹은 다른 신체 부위를 상세하게 명명하는 대신 모호한 표현인 *whatever*를 사용한 것은 화자의 회피책략으로 보여진다. 이는 아마도 구체적이고 명확한 정보를 제시하는 것이 그 상황에서 부적절하게 들릴 수도 있는 가능성 때문일 것이다. 즉 구체적이고 상세한 설명을 피하고자 하는 방편으로 *whatever*를 사용한 것은, 화자가 심리적이고 상호작용적이며 사회적인 의사소통의 측면에 초점을 두고 있기 때문이라고 할 수 있다. 여기에서 주목할 만한 점은 회피전략이 함축하는 전형적인 의미는 *whatever*의 의미적 자질에 기인하기 보다는 *whatever*가 쓰이는 문맥에서 조성된다. 회피의 원인이 사회적 요인에 있는지 인지적인 제약 때문인지 혹은 다른 요인에 기인하는 지는 문맥에 따라 달라지게 된다(Enfield 2003: 110).

앞서 살펴본 바와 같이 화자는 *or whatever*나 *and stuff, something like that*과 같은 집합표지 인식표를 사용함으로써 자신이 가지고 있는 생각이 실제 사용된 표현보다는 더 복잡하다는 것을 나타내며 청자로 하여금 집합에 속할 수 있는 관련 멤버를 떠올리도록 한다(Jucker et all 2003). 이처럼 '모호한 카테고리'를 지칭하는 표현들은 근본적으로는 본질적인 모호함을 나타내려는 것이고, 따라서 해당 담화맥락에서 정확하게 구체화될 필요는 없다(Channel 1994). (*Or*) *whatever*가 다른 집합표지와 구분되는 점은, 상대방이 어떤 대상을 떠올릴지라도 자신은 그에 대해 별로 개의하지 않을 것이라는 화자의 태도를 더 강하게 부각하는 데에 있다. 이러한 면에서 (*or*) *whatever*는 화자가 보이는 '관심의 결여'가 좀더 강조되는 표지라고 할 수 있다. 즉, 어떤 것이라도 크게 개의하지 않겠다는 화자의 소위 단념하는 듯한 태도(abandoning stance)로 인하여 대화 상대방 또한 관련된 항목을 찾아내어 굳이 제공하려는 의지를 덜 보인다고 할 수 있겠다.

2) Whatever 2: 대인적/상호작용적 기능(Interpersonal/Interactional Function)

지시대상에 부착되어 부가어로서 사용되는 *whatever* 1과는 달리 *whatever* 2는 단독으로 사용되는데 주로 상대방의 발화에 대한 반응 말 차례에서 관찰된다. 이러한 *whatever* 2는 상대방의 발화나 상대방이 제시한 제안에 별로 관심을 보이지 않고 무시하거나 혹은 의견이 다름을 표시할 때 종종 사용된다. 따라서 대인적 기능/상호작용적 기능을 수행하는 *whatever* 2는 화자의 수동적인 수락이나 암묵적 인정 나아가서 무관심/무시와도 같은 회의적인 태도 및 부정적 태도를 표현하기도 한다.

Kleiner(1998)는 이러한 *whatever*의 기능에 대하여 '해결할 수 없음을 나타내는 표지(marker of unresolvability)'라고 정의하였는데 대화 상대방사이에 의견의 일치가 일어나지 않을 것 같을 때 논쟁을 잠시 보류하는 기능을 한다는 것이다. 즉 논쟁을 계속하는 것이 대화참여자들 사이의 관계를 악화시킬 수 있다고 판단될 때 그 논쟁으로부터 빠져나올 수 있도록 하는 기제인 것이다(Kleiner 1998: 610). 또한 이러한 맥락에서 종종 관찰되는 *whatever*의 기능 중의 하나는 현 담화상황에서 대화 상대방 사이에 의견의 일치나 갈등의 해소가 가능하지 않으리라고 판단될 때 진행되고 있는 화제를 종료하고 다른 화제로 전환할 때 쓰이는 것이다. 이러한 *whatever*의 기능들은 대화에서의 대인적 혹은 상호작용적 측면이 강조된 것이라고 할 수 있겠다. 이러한 *whatever* 2가 최근 *wev*로 발음되는 현상은 주목할 만하다. 이는 전자우편이나 SMS에서 흔히 쓰이고 있고 소위 valley girl talk의 특징이기도 하다.[27]

예문 (14)는 *whatever*가 상대방의 발화에 대한 반응으로 쓰인 경우이다.

(14) (MICASE)

SU-f: i think that there might have been more than three though.

SU-f: i say five.

SU-m: i say four.

SU-f: okay. **whatever.**

SU-f: four to five.

예문 (14)에서는 Su-f의 "five"라는 주장에 대하여 상대방이 "four"라고 주장하자 SU-f는 "어떤 것이든 상관없어"라고 태도로 "Okay, whatever"라고 발화한 후 "four to five(넷에서 다섯 사이)"라고 덧붙이면서 어떤 특정한 선택을 하는 대신에 모호한 정보를 제시하면서 의견의 차이점에 대해 중요성을 부여하지 않고 있다.

다음 예문 또한 *whatever*가 상대방의 발화에 대한 반응으로서 쓰인 경우로서, 상대방의 제시한 제안에 대하여 선택권이나 결정권을 상대방에게 넘기고 있음을 관찰할 수 있다. 즉, 상대방이 취하려는 어떤 행동에

---

27   Valley Girl Talk 혹은 Valspeak는 1995년 영화인 Clueless 와 Waynes' World에서 많이 사용되었는데 Valspeak라고 일컬어지는 다른 표현들로는 "(so) totally", "like", "WHAT-ever", "duh", "Worst (something) ever" 등이 있다(http://en.wikipedia.org).

대해서도 별로 개의하지 않는 화자의 태도를 보여주고 있는데, 여기서 *whatever*는 "as you wish", "if you say so", "have it your own way" 정도의 메시지를 전달하고 있다고 보여진다.

(15) (US TV Talk)
PHIL:　　[sighs] Yeah, all right.
RICKY:　Cheers, Phil. All right, well, I'll have to start on it at lunchtime.
PHIL:　　Yeah, **whatever**.

"점심때에 그 일을 시작해야 되겠다."는 Ricky의 발화에 Phil은 일단 "Yeah"라고 긍정적 반응을 보인 후 연이어 *whatever*를 발화하여 "너 알아서 해"라고 상대방에게 행동선택권을 넘기고 있다. 첫 줄에서 한숨을 쉬며 마지못해 응락하고 있는 Phil의 발화 또한 Phil의 이러한 태도를 뒷받침하고 있다고 할 수 있겠다. 아래의 예문도 비슷한 맥락으로 설명될 수 있겠다.

(16) (US TV Talk)
KRAMER:　Nuh! Okay Jerry, how about if Mike fixes your truuunk, we
　　　　　　call it even, an' this way, nobody has to get hurt.
JERRY:　　[**whatever**] Fine.
MIKE:　　Oh--uh--thank you, Jerry, thank you!

(16)에서는 Kramer가 Jerry와 Mike와의 관계회복을 도와주기 위하여 Jerry에게 어떤 제안을 하고 있는데 이에 대해 Jerry는 *whatever*라고

반응한 후 "fine"이라고 덧붙이고 있다. 대화의 흐름상 Jerry편에서 약간의 회의를 품고서 상대방의 제안을 수동적으로 수락한 것으로 보인다. "나한테는 별 차이가 없지만 굳이 그렇게 하겠다면 하라지"라는 의미를 암시하는 것으로도 비춰진다. "fine"의 사용 또한 이야기를 이쯤에서 마치자는 의미로도 해석될 수 있겠다.[28]

예문 (14)에서 (16)까지는 *whatever*가 상대방의 발화나 제안들에 대한 반응으로 쓰인 경우인데 이와 같이 인접쌍의 두 번째 말차례에서 쓰였을 때 *whatever*는 종종 화자의 무관심한 태도를 나타내는 경우가 많고 때로는 상대방이나 상대방 발화에 대한 화자의 회의적이거나 부정적인 태도를 암시하는 경우가 있는데 이는 *whatever*가 상호작용/대인적 기능을 수행하는 것을 보여주는 증거라고 할 수 있다.

(17) (MICASE)

S3:   um i didn't have a lot of questions on the ex- uh the practice exam except for the short answer.

S4:   mhm

S1:   okay, how 'bout you two?

S4:   i just have questions from lecture notes.

S1:   and

S5:   just, **whatever,** [S1: whatever] i don't really care <SS: LAUGH> i'll ask questions later

---

28   논쟁 맥락에서 fine은 어조에 따라서는 논쟁을 마치고 싶을 때 사용될 수 있는데 즉 "내 말이 맞고 네가 틀리므로 네가 그만 입을 다무는 게 좋을 걸"이라는 암시를 주기도 한다.

(17)에서는 S5는 *whatever*라고 발화함으로써 질문할 것이 별로 없고 질문에도 관심이 없다는 태도를 보이고 있다. 더구나 *whatever* 바로 다음에 이어지는 "I don't really care"와 "I will ask questions later"라는 발화는 화자의 그러한 태도를 더욱 강조하는 것이라고 할 수 있겠다. 코퍼스 전체를 통해 *whatever* 다음에 이처럼 화자의 무관심을 나타내는 "I don't care"와 같은 표현이 종종 쓰임이 관찰되었다. 또한 이 대화문에서 주목할 것은 S5의 *whatever*와 학생들에게 시험에 관하여 질문이 있는지를 물어봤던 S1의 *whatever*가 겹쳐서 발화되고 있다는 점이다. 이와 같이 겹쳐서 발화되는 *whatever*를 통해 화자와 청자가 서로 현 주제에 관심이 적음을 보임으로써 상호간에 상호주관성(intersubjectivity)이 성취되어 현 주제가 협조적으로 마무리되고 있다.

때때로 이와 같은 화자의 무관심한 태도는 청자에 의해 후행 맥락에서 명시적으로 비난을 받기도 한다.

(18) (US TV talk)

CINDY: Your concern is overwhelming, Ian. What you gonna wear?

IAN: [dread/dismissive] Yeah--I don't know--**whatever.**

CINDY: Ian, we're supposed to be makin' an effort!

무슨 옷을 입을 것이냐는 Cindy의 질문에 Ian은 "모르겠어. 아무거나 걸치지 뭐"라고 거부하는 듯한 태도로 전혀 관심이 없음을 보이자 후행 맥락에서 Cindy가 "적어도 노력은 해야 되는 거 아냐" 하면서 Ian의 무관심에 대해 질책하고 있음을 알 수 있다.

*Whatever*의 사용은 대화 상대방 사이의 의견의 일치나 갈등의 해소가 별로 가능하지 않다고 판단될 때 즉 논쟁을 계속하는 것이 서로의 관계에 부정적으로 작용할 수가 있다고 판단될 때 논쟁에서 손을 떼도록 해준다. 앞에서 논의된 바와 같이 이러한 기능에 대하여 Kleiner(1998)는 *whatever*가 '해결할 수 없음을 나타내는 표지'라고 주장하였는데, 이러한 맥락에서 *whatever*는 서로 간에 입장차이가 있음을 인정하고 더 이상 서로 반박하지 않기로 동의하는(agree to disagree) 맥락에서 사용되는 것이 관찰된다.

화자는 어떤 선택이라도 상관없다는 무관심한 태도에서 나아가 상대방의 의견에 부정적인 태도를 나타내게 되는 것이다. 이러한 *whatever*의 사용은 상호작용맥락에서 종종 논쟁을 마감하고 다른 주제로 전환하는 계기를 마련하기도 한다. 예문 (19)를 살펴보자. 이 대화 이전 맥락에서 Richard는 Sam 몰래 바람을 피우고 난 후 Sam이 이를 알게 되었고, Sam이 화를 내면서 관계를 정리하려 하자 Richard는 "I got scared."라고 말하면서 Sam에게 사죄하려 했다고 한다. 하지만 Miranda는 이 말이 Richard의 진심이라기보다는 일단 Sam을 위로하려고 한 말에 불과하다고 주장한다.

(19) (Sex and the City: Season 5, episode 2: Unoriginal Sin)
Richard: Just for the record, I did got scared.
Miranda: Ok, **WHAT-ever**. Thanks for coming
((Richard는 Sam과 함께 세례식 자리를 떠난다))
Miranda (to Carrie and Charlotte): He is such a player.

Charlotte: I don't know. Maybe things will work out between them.
((Miranda는 여전히 Richard를 못 믿겠다는 표정으로 Carrie를 쳐다봄))

이 대화는 Richard가 Miranda의 아기의 세례식에 참가했다가 Miranda를 만나게 된 자리에서 이에 대해 언급하는 장면에서 시작된다. 위의 예문에서 Miranda는 *whatever*를 발화함으로써 논쟁을 종식시키고 있다. 이어지는 발화인 "thank you for coming" 또한 앞으로 논쟁을 계속하는 것이 별 소용이 없을 것이라고 믿고 Richard와의 작별인사로서 대화를 마감하려는 Miranda의 의도를 증명하는 것이라고 할 수 있다. 작별인사 이후 Sam이 Richard를 대동하고 떠나는 행위를 보더라도 대화 참여자들 사이에도 이에 대해 암묵적 합의가 이루어졌음을 알 수 있다.

여기에서 *whatever*의 사용은 "사실이 어떻든지 상관 안 해"라는 무관심의 태도라기보다는 상대방의 발화에 부정적인 화자의 입장 ("I don't believe you."와 같은 태도)을 보이는 것이라고 할 수 있다. 그 전 문맥에서도 Miranda는 Richard가 한 말이 진심이 아니라고 믿고 있었고 위의 예문에서도 Richard가 떠난 후에 Miranda는 "he is such a player(그 남자는 못 말리는 바람둥이다.)"라고 덧붙임으로써 참회하려고 했다는 Richard의 말을 신뢰하지 않는 태도를 나타내고 있다. 게다가 Richard의 말을 그대로 믿고 Richard와 Sam의 관계가 아마도 회복될 것이라고 생각하는 Charlotte의 발화에 대해서도 역시 Miranda는 신뢰하지 않는 표정을 보이고 있다. 여기에서 *whatever*는 단지 상관없다는 무관심의 태도를 넘어서 상대방이나 상대방의 주장에 대하여 부정적인 반응을 보이는 데에 사용되었음을 알 수 있다.

이 맥락에서 *whatever*의 사용은 일단 Richard와의 (불필요하고 불유쾌할 수도 있는) 언쟁을 종식시키고자 하는 시도로 보이며 결국 Miranda는 자신이 Richard의 이야기를 믿고 있지 않음을 보여주고 있다. 이러한 *whatever*의 사용은 종종 주제를 전환하고자 할 때 효과적으로 사용될 수 있는데 앞서 소개한 예문 (1)에서도 이러한 기능을 살펴볼 수 있다.

(20) (*Sex and the City*: season 3: episode 9: Easy come easy go)
((여자 주인공 4명이 레스토랑에서 식사를 하고 있다))
Miranda:　You've just met. I've had pairs of pantyhose longer.
Charlotte:　It's not logical. This is love. It's not logical. It's right in
　　　　　　my heart. I feel it's right.
Miranda:　Ok, **WHAT-ever** ((다소 퉁명스런 음성으로))
((Carrie와 Sam은 두 사람사이의 오고가는 대화에 다소 당황해하며 서로를 바라본다))
Sam:　　So, how did he look? ((Carrie의 새로운 date에 대하여 화제를 돌리면서))

앞서 설명한 바와 같이 남녀관계에 대하여 Miranda와 Charlotte은 서로 상이한 이견을 가지고 논쟁에 가까운 대화를 하다가 해결할 기미가 보이지 않자 Miranda는 "Ok, whatever"로서 대화를 종결짓고 있다. 여기서 *whatever*는 갈등을 해결할 수 없음을 보이는 표지로서 화자가 상대방의 의견을 받아들일 수 없음을 나타내면서 결국은 대화 상대방 쌍방이 서로 견해를 좁히지 못할 것 같음을 나타내는 표지라고 할 수 있다. 즉 *whatever*는 자칫 불유쾌한 논쟁으로 이어질 수도 있는 대화를 종결하고 다음 주제로 넘어가는 데 전략적으로 쓰이고 있는 것이다.

*Whatever*를 발화할 때의 Miranda의 어조 및 얼굴 표정이나, 담화현장에 있는 다른 대화 참여자들인 Carrie와 Sam의 (당황스럽다는 듯이 눈을 굴리는) 표정을 통해서도 선행 대화의 불유쾌한 분위기가 반영되고 있다고 할 수 있다. 후속 대화를 살펴보면 두 사람사이의 대화를 듣고 있던 Sam은 Carrie의 새로운 데이트 상대에 대해 질문함으로써 주제를 바꾸고 있는데, 이와 같이 주제 전환과 같은 상호작용적 움직임 (interactional move) 또한 대화참여자들에 의하여 상호간에 승인됨으로써 이루어짐을 알 수 있다. 즉 Sam은 Kleiner(1998: 611)의 말을 빌려 표현하면 "moving into less turbulent water(좀 덜 거친 물결을 따라 움직이려고)" 하는 것이다.

본 연구에서 주로 사용된 코퍼스 데이터는 그 성격상 주로 대학에서 수집된 학술담화이기 때문에 화자간의 의견의 불일치를 나타낼 때 쓰이는 *whatever*는 상대적으로 많이 관찰되지는 않았다. 왜냐하면 그러한 *whatever*의 사용은 일상대화에서 특히 인접쌍의 두 번째 말차례에서 빈번히 관찰되기 때문이다. Sex and the City의 대화에 잘 나타나고 있듯이, 특히 여성들 사이의 대화에서 그러한 기능의 *whatever*가 많이 관찰되는 것 같다.[29]

---

29   Micase 코퍼스의 분석 결과 남성에 비해 여성이 *whatever*를 전반적으로 많이 쓰는 것으로 관찰되었다 (이예지 2007).

다음은 MICASE에서의 발췌문으로서 "plasmids are just circular D-N-A"라는 진술에 대해서 서로 의견이 오가다가 S1이 어떻든 상관없다는 태도로 "I don't know whatever"라고 발화한 후, "okay so you have this thing right?(그건 됐고 그래서 이거 가지고 있어?)"라고 하면서 다음 주제로 전환하고 있다. 여기에서 앞선 대화를 종료하고 새로운 주제로 전환하는 경우에 *whatever*가 다른 담화표지인 *okay*와 더불어 쓰이고 있는 점을 주목할 수 있겠다.

(21) (MICASE)

S1: yeah. like what she was saying was okay. well let's use this example again.

S5: cuz plasmids are just circular D-N-A. [S1: yeah] only in bacteria, right? yeah.

S4: i think so

S3: i think so

S1: (xx) i don't know **whatever**. okay so you have this thing right? you have this, plasmid, okay? okay. and then you have this plasmid. right? so like step one was to get this this recombinant plasmid. right? and this recombinant plasmid, inserts into the lac- whate- [S4: Z,-gene] what was it? lacZ gene? that um, [S4: normally makes the]

S5: it like knocks out

이상으로 *whatever* 2의 상호작용적 기능에 대하여 살펴보았다. *Whatever* 2는 대화 참여자들 사이에 의견의 불일치가 있을 때 논쟁을 잠시 접는 기제로서 종종 주제 전환시에 효과적으로 사용됨이 관찰되었다. Willard(1989: 85)가 지적하였듯이 논쟁은 해결하는 방향으로 나아가게 되어있다는 증후 중의 하나는, 논쟁이 막다른 골목에 이르렀을 때는 더 이상 논쟁을 계속할 이유가 없다는 것이다. 바로 이러한 맥락에서 whatever 2가 논쟁을 종식하는 데에 효과적으로 사용되고 있음을 알 수 있다.

1.5. 맺는말

코퍼스 자료와 미국 드라마 대화 자료에 근거하여 본 연구에서는 whatever의 표현적 기능을 텍스트적 기능과 대인적/상호작용적 기능으로 살펴보았다. 화자의 '실행의지/관심 결여'라는 의미를 가진 whatever는 '정확한 발화를 하고자하는 의지의 결여'나 혹은 '상대방이 제시한 가능성 중에서 어느 것이라도 상관없다는 관심의 결여'로 표현될 수 있다. 이는 어떤 선택도 상관없다는 수동적인 수락이나 묵인을 표시할 경우도 있고 또는 선택에 대한 책임을 상대방에게 넘기려는 화자의 태도를 표시할 수도 있으며 나아가서는 상대방이나 상대방의견에 동의하지 않음을 나타내는 화자의 부정적 태도를 표현하기도 한다. 이러한 맥락에서 whatever는 때로 한 주제를 종식시키거나 다른 주제로 전환하는 기제로 쓰이기도 한다.

이런 맥락에서 whatever에 의해 표현되는 화자의 태도는 세 가지 층위- 인지/정보적 층위, 담화구조적 층위, 그리고 상호작용적 층위에서 논의될 수 있겠다. 이 층위에 따라서 화자의 부정적 태도의 강도가 변화된다고 할 수 있다.

1. 인지/정보적 층위(Cognition)
   *whatever*가 인지적 과정을 나타내는 표지로 쓰일 때:
   대화 채움어로서의 기능
2. 담화구조적 층위(Organization)
   *whatever*가 화제 전환을 나타내는 표지로 쓰일 때
3. 상호작용적 층위(Interaction)
   *whatever*가 대화 상대방과의 불협화음을 단절시키려는 표지로
   쓰일 때

*Whatever*가 적절한 표현을 찾는 데에 어려움이 있음을 나타내거나 혹은 불확실한 정보를 표시할 때는 인지/정보적 층위에서 쓰였다고 할 수 있는데 이 경우에는 화자의 태도는 주로 중립적인 것으로 관찰되었다. 한편 *whatever*가 화제 전환을 나타내는 경우에는 예문 (21)처럼 인지/정보적 층위와 담화구조적 층위에서 더불어 쓰인 경우도 있었고 또는 예문 (19)와 (20)에서와 같이 담화구조적 층위와 상호작용적 층위가 연결되어 상대방과의 논쟁을 종식하고 새로운 화제로 전환할 때 쓰이는 경우가 있었다. *Whatever*가 상호작용적 층위에서 쓰였을 때 화자의 부정적 태도가 가장 강하게 나타난다고 할 수 있겠다.

이번 장에서는 자세히 다루어지지 않았지만 *whatever*가 상호작용적 층위에서 쓰이면서 대인적/상호작용적 기능을 수행할 때는 종종 wev로 발음되는 경우가 있다. *Whatever*가 wev로 축약되어 발음되는 현상이 문법화현상인지 혹은 SMS에서 즐겨 쓰는 축약형인지에 대해서는 별도의 논의가 필요하다고 하겠다. 사회언어학적인 관점에서 살펴보면 *wev*

로 축약하여 발음하는 현상은 Valspeak의 하나의 특질로서 Valspeak는 원래 남부 캘리포니아의 Valley girl들이 쓰는 언어를 일컫는 사회적 방언(sociolect)이라고 할 수 있다.

Valspeak는 1970년대에 시작되어서 1980년대에 절정에 이르고 2000년대에 이르러서는 미국 전역으로 확대되어 이제는 영어가 쓰이는 곳이면 어디에서나 발견되는 현상으로서 주로 젊은 영어화자층들의(특히 여자) 발화에서 많이 발견되는 언어 현상 중의 하나라고 할 수 있다 (http://en.wikipedia.org). 이미 논의된 바와 같이 단독으로 쓰여서 상호 작용적 기능을 하는 *whatever*만이 wev로 축약되는 현상은 주목할 만하다고 하겠다. 또한 남녀차이에 따른 *whatever*의 사용 현상은 이번 장에서는 깊게 다루어지지 않았으나 Valspeak 현상과 더불어 사회언어학적 관점에서의 분석이 필요하다고 할 수 있겠다.

다음 장에서는 Valspeak에서 자주 쓰이는 담화표지인 *like*와 *totally*를 살펴보도록 한다.

2. Valspeak에서 담화표지 like와 totally

2.1. 들어가는 말

Q: *Which school is better, University of California at Santa Barbara or Harvard?*

A: *What, are you a zod? UCSB has the beach right there and way more parties. Isn't Harvard in Philadelphia or something? Someplace where it's cold, anyway.*

(Valley girl Q and A *in Valley Girls' Guide to life*, Pond 1982)

위의 예문은 소위 Valley girls들의 대화를 보여주고 있다. Valspeak 는 1980년대 남캘러포니아 샌퍼낸도 밸리에서 유래했는데 물질주의가 팽배하고 거만하며 개성을 중시하면서도 개인의 지적성취보다는 쇼핑 이나 외모를 중시하고 특히 최근 유행에 민감했던 신세대 여성들인 밸리 걸들(Valley girls)이 주로 쓰는 말투로서 특정어휘나 비음섞인 목소리 등이 특징이다 오늘날에는 의미가 확장되어 이러한 화법을 쓰는 사람들 -주로 젊은 미국사람들-을 총칭하기도 한다.

Valspeak가 많이 사용되는 영화 Clueless(1995)를 분석해 본 결과 다 음과 같은 담화표지들이-*like, (so) totally, whatever, you know* 그리고 *as if* - 사용되는 것을 관찰 할 수 있었다.

(1) DIONNE: Tell me about it. This weekend he called me up and he's all "Where were you today?" and I'm **like** "I'm at my Grandmother's house"...

(2) CHER: So I was **like, totally** buggin'.

(3) ROBBER: And I will **totally** shoot you in the head. Get down!

(4) CHER: Was that you going through my laundry?

AMBER: **As if. Like** I would really wear something from

Judy's

(5) ELTON: **You know,** you're one of my best friends and I do
                not have friends that are girls.

(6) SUMMER: Hey, Cher! Is it true some gang members, **like**
                tried to shoot Tai in the mall?
    CHER: No.
    SUMMER: That is what everyone is saying.
    CHER: **Whatever**.

(7) MEL: It looks like underwear. Go upstairs and put
                something over it.
    CHER: **Duh**. I was just going to. (Cher runs off)

(8) LAWYER: Just forget it, OK? Just go back to the mall **or
                something.**
                (Cher runs out of the room)

영화 Clueless에서 주로 사용되는 담화표지 중에서 일부만이
Valspeak의 특징을 나타내고 있다. 예를 들면 예문(1)에서 담화표지 *like*
는 인용표지로서 또 예문(2)에서는 울타리 표현(hedge)으로 쓰이고 있
는데 이러한 기능은 굳이 Valspeak의 특성만은 아니고 일반적으로 관찰
되는 것이다. 마찬가지로 예문 (5)에서도 담화표지 *you know*는 화자와
청자사이의 공통기반(common ground)을 마련하고 서로간에 유대감

을 성취하기 위해서 사용된 것이다. 예문 (6)의 *whatever*는 "I don't believe you," "I don't care," 등등의 의미인데 이처럼 다른 부가어가 붙지 않고 단독으로 쓰인 *whatever*는 현재 진행중인 논쟁이 의미가 없다고 판단되는 상황에서 해당 주제를 일축해 버릴 때 사용된다(서경희 2008). 예컨대 "You're, *like*, *so totally* out of nail polish? *What-EVER!*"라는 발화에서 "EVER"에 강세를 주면 종종 상대방의 모욕적인 언사에 재치있게 반응할 때도 쓰인다. 여기에서 주목할 만한 것은 단독으로 쓰인 *whatever*의 음운적으로 축약된 형태인 *wev*인데 이는 SMS에서 종종 사용된다. 예문 (8)에서는 모호한 대상을 지칭하는 *or something*은 일단 제시된 정보가 부정확할 수도 있다는 것을 나타내는데 그러한 점에서 *or something*은 체면 유지 책략으로 쓰이거나(Brown and Levinson 1987 참고) 또는 발화된 것의 중요성을 경감시키는 장치로도 사용된다.

이와는 대조적으로 예문 (2)와 (3)에서 쓰인 담화표지인 *totally*와 예문 (7)에서 쓰인 *duh*는 Valspeak의 특징으로 보인다. 부사인 *totally*가 강화사(intensifier)로 쓰일 때는 비교적 자유로운 위치에서 나타난다. 예를 들면 "It's *totally* you."에서와 같이 명사 앞에서도 쓰이는데, 이처럼 담화표지 *totally*는 Valspeak에서 자주 사용된다. 또한 단독으로 쓰인 *as if*는 그전 발화를 반박하거나 또는 그전 발화에 대한 의구심을 드러내는데 "You're wrong." 또는 "It's not going to happen." 등의 의미로 해석될 수 있다. 마지막으로 Valspeak에서 응답으로서 자주 관찰되는 표지인 *duh*는 강한 억양으로 발음되면서 "everybody knows that" 또는 "obviously"와 같은 의미를 전달한다.

이러한 관찰을 통해 깊이있는 연구가 필요한 몇 가지 질문을 제기해

볼 수 있겠다.

첫째, 어떤 담화표지가 Valspeak에서 자주 쓰이는지 또 젊은 영어원어민의 언어사용과 관련하여 이러한 담화표지 사용이 지닌 사회적 의미를 짚어보기로 한다.

둘째, 이러한 표지들의 특정한 사용이 과연 Valspeak의 특징인지 또한 영어권 주류 그룹들도 같은 목적으로 이러한 표지를 사용하는지, 다시 말하면 담화표지의 특정한 사용이 사회적 규범 및 공손법 측면에서 청소년층의 언어 스타일과 연관이 있는지 또는 어떻게 연관이 있는지를 살펴볼 것이다. 이는 청소년 계층과 주류 계층 사이의 사회적 규범의 차이가 곧 언어적 차이를 가져오고 또한 두 계층 사이에 서로 다른 사회적 요구사항은 대화의 협력과 공손법에 영향을 미칠 것이라는 가설에 근거한다.

이러한 Valspeak에서 자주 사용되는 담화표지는 사회언어학적 관점에서 살펴볼 수 있겠다. 즉 어떤 담화표지가 어떤 기능으로 사용되는지를 설명하는 데 있어서 나이와 성별같은 사회언어학적 요인들이 중요하다는 것이다. Andersen(2000)에 따르면, 젊은 청소년층이 장년층보다 담화표지를 전반적으로 더 쓴다는 것이 아니라 오히려 청소년층은 같은 표지에 대해서 다른 기능을 쓴다는 것이다. 즉 사회적 규범이나 상호작용적/공손법 원칙에 있어서 두 그룹간에 차이가 있다는 것이다. 이 연구의 기본 가설은 청소년층이 언어의 화용론적/태도표시적 사용에서 유력한 역할을 수행하고 있다는 것이다.

셋째, 담화표지의 군집 현상(clustering)과 청소년층의 언어 스타일과 연관이 있는지 살펴볼 것이다. 담화표지의 군집 현상은 자주 관찰되는 현상임에도 불구하고 담화표지 연구에서 아직까지 큰 관심을 못 받은 것 같다. 예를 들면 Vicher & Sankoff(1989)는 교실토론과 일상대화의 3700개에 해당하는 발화에서 65프로 이상이 말차례 시작지점에서 5개까지 다른 표지들이 군집해서 나타나는 현상을 보고하였다. 본 연구의 데이터를 훑어본 결과 청소년층의 언어에서 이러한 군집현상은 자주 관찰되었다(예: "*So OK*, I was *totally like, you know*, 'I have no idea *or something!*.")

이러한 담화표지들의 사회적 의미를 좀더 잘 파악하기 위해서는 이러한 표지들을 사용되는 청자층 및 화제를 고려하는 것이 필요하다. 남캘러포니아의 고등학교 여학생들이 이러한 특정언어(lingo)를 처음으로 사용한 것으로 알려져 있지만 20대나 30대의 젊은 여성 전문직층에서 또한 이러한 언어를 사용하고 있는데 다만 청자나 화제를 가려 사용하는 편이다.[30]

이러한 담화표지의 사용은 코드 스위칭(code-switching)과 관련지어 이해될 수 있는데, 특정한 청자와 특정한 화제에 따라 선별적으로 valley-girl talk를 사용하는 경향을 보였다.

따라서 본 연구에서 살펴볼 가설은 다음과 같다.

(1) Valspeak에서 청소년들이 사용하는 담화표지는 주류계급 영어 화자와는 다른 표지 및 다른 기능을 사용할 것이고 이는 두 그룹 사

---

[30]   영화 Legally Blond(2001)가 하나의 사례라고 할 수 있는데 젊은 여자 전문직인 Elle Woods가 가끔 Valspeak를 사용하고 있다.

이에 서로 다른 사회적 규범과 상호작용적 원칙이 존재함을 의미한다.

(2) Valley girl 언어에서 관찰되는 담화표지의 사용은 특정한 청자층에서 통용되는 공통관심사를 반영하며 현대 여성의 정체성(유행에 민감하고 도전적이며 최근 추세나 연애인가쉽에 관심을 보이는)과 어느 정도 연관이 되어 있다.

본 연구의 데이터로는 영화 Clueless(1995)와 Valley Girl(1983), TV 연속극 Square Pegs(1982)와 Gossip Girl(Valley girls)(2007) 그리고 소책자 Valley Girls Guide to Life(Pond, 1982)를 참고하였다.

2.2. Valspeak에서 담화표지 like

담화표지 *like*는 분포와 기능이 매우 복잡하고 다양하다(Andersen 2000: 210). 담화표지는 때로는 문장구조 밖에서도 위치하지만(Brinton 1996: 32-35), Valspeak에 나타나는 담화표지는 특히 위치상 매우 자유로운 것으로 관찰되었다. 담화표지 *like*는 명사구, 형용사(구), 부사(구), 전치사구, 동사구, 종속절 앞에서 나타나고 심지어 혹은 문장 앞에서 쓰이기도 한다.

아래 예문에서와 같이 *like*는 말차례 또는 발화 시작 지점에서 각 명제 앞에서 쓰이기도 한다.

(12) (Valley Girl)

Randy: That's cool.

Julie Richman: **Like,** it's not cool at all! **Like,** it's all this stuff that
                 tastes like nothing and it's supposed to be so good
                 for you. Why couldn't they, like, open a Pizza Hut or
                 something?

(13) (Square Pegs)

Muffy: Give me my money.

Jennifer: **Like** I don't remember where I put it.

(14) (Clueless)

Cher: Was that you going through my laundry?

Amber: As if. **Like** I would really wear something from
             Judy's

(15) (Valley girl)

Fred Bailey: [warily surveying party food] What you got running
              here, a bait shop?

Suzi Brent: **Like,** it's sushi, don't you know?
              [points at each platter as she identifies them.]

Suzi Brent: **Like,** this here is tuna, that's flying fish egg, and
              that's sea urchin.

위의 예문 중 흥미로운 것은 예문 (15)에서 담화표지 *like*가 영향을 미
치는 범주가 뒤따라오는 발화 3개에 이른다는 것이다. 또한 Valspeak에
서 *like*의 빈도수가 발화시작시점에 유난히 많다는 것은 Valspeak의 화
자들은 자신들의 완화적 입장(hedging stance)을 발화의 해당 부분앞에

사용하는 것보다는 전체 발화앞에 사용하는 경향이 있다는 것이다. 이는 Valspeak의 화자들은 어휘적인 면뿐만 아니라 심리적인 면에서도 자신들이 발화하고 있는 것에 완전히 책임을 지지 않으려 한다고 추론될 수도 있다.[31]

Valspeak에서 *like*가 다양한 위치에서 사용됨은 다음 예문에서도 살펴볼 수 있다. 예문 (16)에서는 *like*가 주동사인 *hope*와 부정사 *not* 사이에 위치하고 있다. 심지어 부사 *certainly*의 사용으로 자신의 확고한 입장을 표명한 후에도 완화표지인 *like*를 사용하여 자기 주장이 너무나 강하게 보이는 것을 피하려는 것을 알 수 있다.

(16) (Square Pegs)
Jeniffer: I certainly hope **like** not.

Jucker & Smith(1998: 183)에 따르면 담화표지 *like*는 다음 예문에서와 같이 각각 근사치표지, 예시표지, 울타리표지, 인용표지 등으로 쓰인다.

(17) So it was that was **like** three hundred dollars. [approximator]
(18) I think I might get... kind of sidetracked you know, ahm, **like** around the hallways. [examplifier]

---

31   담화표지 *like*는 문장말미에 쓰여서 마치 부가문처럼 쓰이기도 한다.
"Hey, maybe there's, like, a sorority. you could, like, join instead, **like**?"
(2001 영화 Legally Blond)

(19) Hockey is kind of **like** interesting too, ice-hockey. [hedge]
(20) I was **like** it's okay. [quotation]

　　또한 담화표지 *like*의 다기능에 대해서는 Andersen(2000: 244-245)
이 지적한 바, *like*다음에 오는 표현에 대해서 화자가 "어휘적 책
임"(lexical commitment)을 줄이고자 할 때 사용한다는 것이다. 즉 화자
가 선택한 표현과 화자의 머릿속에 있는 어휘 목록 안에 있는 다른 잠재
적 표현과는 거리가 있음을 나타낸다.

　　분포적인 측면에서 보면, *like*는 절 성분 사이 또는 구(phrase)안 또는
전치사 사이에도 나타날 수 있다. 위 예문에서 보면 화자는 *like*를 사용함
으로써 발화가 지닌 문자적 의미에 책임을 지지 않으려 한다. 선행연구에
서 보고된 담화표지 *like*의 여러 가지 기능인 "불일치"(non-equivalence),
"느슨함"(looseness) 또는 "근접화"(approximation) 등을 나타내는 것
이라고 할 수 있다(Schourup 1985; Andersen 1997, 2000; Jucker &
Smith 1998). 다시 말하면, *like* 는 표현된 진술과 화자가 실제 마음속에
의도하는 것과의 불일치를 나타내는 표지이며(Schourup 1985), 비슷한
맥락에서 담화표지 *like*는 느슨함을 나타내는 표지로서, "발화와 기저 의
도사이에 문자 그대로 비슷하지 않음("non-literal resemblance
between an utterance and the underlying thought")(Andersen 2000:
210)을 나타낸다는 것이다. 따라서 화자가 어떤 단일하고 정확한 명제 (예
컨대 자신의 이름)에 대해서 명백하게 하고자 할 때는 *like*가 사용될 확률
이 적다는 것이다(Andersen 1997: 166). 다음 예문을 보면 Mary가 자신의
이름과 같이 당연히 알고 있어야 되는 단일한 정보를 요청받았을 때 가능

하면 직접적으로 발화하는 게 맞고 *like*를 사용해서 느슨한 느낌을 전달하는 것은 이상하다는 것이다.

(21) Peter: What's your name?
     Mary: *My name is *like* Mary.

하지만 이와는 대조적으로 Valspeak에서는 자기 자신의 이름을 발화하면서도(Jeniffer DiNuccio) 화자는 담화표지 *like*를 사용하고 있다.

(22) (Square Pegs)
principal: name?
Jennifer: **Like** Jeniffer DiNuccio

Valspeak에서 위와 같은 *like*의 사용은 화자는 자기 이름조차도 '명백하게 표현하는 것을 원하지 않음'을 나타내고 결국 자신이 선택한 언어표현에 대한 "화자의 심리적 비협조 또는 심리적 거리 또는 화자의 주관적/태도적 기능"을 표시한다고 하겠다(Andersen 2000: 219 참조). 다시 말하면 Valspeak에서 *like*의 사용은 젊은 세대에서 흔히 관찰되는 자신의 입장을 확실히 밝히지 않으려는 태도(non-committal stance)를 나타낸다고 할 수 있다. 젊은 세대들은 자신들의 언어사용에서 너무 확신에 차거나 불필요하게 단정적으로 들리는 것을 피하려고 하고 또한 자신에 언어 사용에 뭔가 부적절한 요소가 있을 수 있다는 것을 청자에게 알리기 위해서(Andersen 2000: 248) 위와 같이 *like*를 자주 쓴다. 비슷한 맥락에서 예문 (23)에서도 화자는 "I'm so sure"라는 발화를 함으로써 자신의 명제에 강한 확실성을 부여하고 있음에도 여전히 너무 독단적으로 들리는 것을 피하기 위해서 바로 앞에 *like*를 사용하고 있다.

(23) (*Valley's girls guide to life*)
Salesperson: Oh, God, that is totally you.
your friend: It is?
you: **Like** I AM SO SURE

이와 같이 청소년이 사용하는 담화표지 *like*는 사회적 또는 기능적 분포에 있어서 어른들의 사용과는 대조되는 양상을 보인다고 할 수 있다 (Andersen 2000).

담화표지 *like*가 사회계층과 관련이 있음은 Tannen (1986)과 Blyth et al. (1990)에서도 지적되었는데, 담화표지 *like*의 사용은 중산층 언어의 특징이며 또한 소위 Valley Girl talk에 흔히 관찰되는 현상인데 이는 사회계층을 한 단계 뛰어넘으려는 포부를 드러낸다는 것이다 (Andersen 1997). 특히 인용표지로서의 BE *like*의 사용은(위 예문 1과 20 참조) 특히 청소년기, 특히 언어변화/발전에 선두적인 역할을 수행한다는 소녀들의 언어에서 많이 관찰된다(Romaine & Lange 1991). 10대 청소년들의 발화에서 담화표지 *like*가 매우 자주 관찰되는데, 반복적이고 때로는 부정확하게 사용함이 보고되었다(Dailey-O'Cain 2000). 신문기사자료에 따르면 *like*를 과도하게 사용하면 부정적으로 들린다고 한다(Knowlton 1999). 그러나 요즈음에는 계층과 연령 혹은 register 심지어 영미 영어뿐만 아니라 다양한 영어 변이군을 막론하고 다양한 화자들에 의해 *like*가 사용되고 있다고 한다(상류계급에서 *like*를 더 많이 사용하고 있음이 보고되긴 했지만)(Andersen 2000).

장년층에서는 담화표지 *like*를 주로 울타리 표현으로서 사용하고 있지만 Valley Girl talk에서 관찰된 *like*의 특성은 청소년층의 인지적, 사회적 또는 심리적 현실을 반영하고 있는 것 같다.[32]

우선 Valspeak에서 *like*의 빈소수가 높은 이유는 아직 어휘를 습득/축적해나가는 과정에 있는 십대 그룹들의 인지적 특성에 기인한다고 할 수 있겠다. 따라서 청소년층에서는 많은 어휘가 내재화되어 있지 않은 탓에 담화/화용표지에 의존하게 된다고 한다(Andersen 2000); 즉, 화자는 어떤 어휘의 사용에 있어서 확신할 수 없다거나 또는 선택된 표현에 대해서 뭔가 스타일상이나 사회언어학적인 관점에서 부적절한 면이 있음을 담화표지(예를 들면 like)를 사용하여 드러낸다.

따라서 청소년층에서 유난히 *like*의 빈도수가 높은 것은 자신들이 선택한 언어표현에 완전히 책임을 지는 것을 피하려고 하는 청소년들의 태도를 나타낸다. 즉 표현된 것과 의도된 것 사이에 불일치가 있다는 것, 나아가서는 표현의 적절한가에 대해서 청소년 화자 자신이 책임을 덜 지려고 하는 의도를 나타낸다(Andersen 2000: 295). 인지적인 측면에서 책임을 덜 지려고 하는 태도는 곧 심리적인 측면에서도 자신이 선택한 표

---

32 어휘의 대부분은 문법적 규칙과 더불어 습득되긴 하지만 청소년들의 어휘는 어른들 어휘의 최소한이라고 할 수 있는 50,000 단어(최대 250,000 단어) 수준에 아직 도달 못한다고 한다(Andersen 2000: 5).

현에 책임을 덜 지려는 태도로 연결된다. 이외에도 Valspeak에서 자주 관찰되는 다른 표지들과 더불어, *like*의 빈번한 사용은 사회적 정체성을 드러낼 뿐만 아니라 청소년그룹 안에서 상호 유대감을 드러내기도 한다.

2.3. Valspeak에서 담화표지 totally

부사 *totally*는 *absolutely, completely, perfectly, entirely*와 *utterly* 등과 함께 정도 부사에 속하며 극대화 표현(maximizers)이라고 할 수 있다. 극대화 표현이란 정해진 등급으로부터 상향으로 증가하는 정도를 표현하고(Kennedy 2002: 469) 또는 의미영역에서 상위 극단을 나타내기도 한다(Bolinger 1972: 17, Quirk et al. 1985: 590). 극대화 표현은 증폭 표현(boosters)과 구분되는데 전자는 *completely, entirely, totally, absolutely*와 *utterly*와 같은 강화사를 포함하는데 절대적 강도를 표시하며 어떤 스케일에서 가장 극단에 달하는 절대적인 강도를 나타낸다. 한편 증폭 표현에는 *very, awfully, terribly, bloody, tremendously* 등이 있는데, 이는 스케일의 극단에는 도달하지 않는 높은 강도를 나타낸다 (Altenberg 1991: 128).

전통적인 사전에 따르면 *totally*는 *completely*의 유사어로 정의하고 있다(예문: "We have such *totally* different background.") 또한 단독으로 쓰인 *totally*는 화자가 상대방이 말한 것에 정말로 동의함을 표현하고자 할 때 나타난다(예문: "Mark is such an idiot!" "Totally"). Urban dictionary(urbandictionary.com)에서는 *totally*의 좀더 구어적인 쓰임새를 소개하고 있는데, *totally*는 Valley Girl talk의 특성이며 "of course"를 의미한다고 한다. 또한 *totally*는 좀 멍청한 블롱드 여자아이

들(ditzy girls)이 "definitely" 나 "for sure"의 의미로 사용하며 발화를 강조하기 위해서 사용된다고 보고하고 있다(예문: "OMG! Like, you must have been, like, *totally* shocked!" "Totally"). 덧붙이기를 *totally* 는 Valley Girls들에 의해서 처음으로 과다사용하게 되었다고 한다(예문: "Like, oh my God. I'm *totally* in love with Justin Timberlake!!!"). 또한 Valley Girls's Guide to life의 The Valley Girl Dictionary에 따르면(1982: 62) *totally*의 정의를 "to the max"라고 기술하고 있다. 요약하면*totally*는 극대화 표현으로서 단독으로 쓰여서, 화자의 (감정적인) 강조나 강한 동의를 표현한다.

Valspeak에서 담화표지 *totally* (/tʰɛtəli/로 발음되는)는 문장의 어느 위치에나 자유롭게 나타나며 심지어 통사적으로 어색한 위치에 나타나기도 한다. 즉 예문 "That is *totally* you."에서는 *totally*가 명사 바로 앞에 위치한다. 다음 예문도 같은 경우이다.

(24) (Gossip girl)
I'm **totally** the star, a music video equals national exposure.

또한 *totally*는 같은 말차례에서 혹은 말차례를 건너서 문장의 끝에서 반복적으로 빈번하게 나타남이 관찰되었는데, 이는 다음 예문에서처럼 강화의 정도를 증가시키는 데 기여한다.

(25) (Square Pegs)

Johnny:　　**Totally** out of control, **totally**

　　　　　　Totally different, **totally**.

(26) (Square Pegs)

(Patty and Lauren talk about Johnny's band to persuade Muffy to invite Johnny's band to fill in Devo.)

Patty:　　 he is original

Lauren:　　and he is **totally** available, **totally**.

(27)(Square Pegs)

Marshall:　I'm **totally** tired, **totally.**

(28) (Valley Girl)

Suzi:　　　I am not too small. I look **totally** hot in this, **totally**.

(25)에서 Johnny는 매 발화마다 *totally*를 반복하고 있다. 예문 (26)도 같은 경우라고 할 수 있다. 즉 같은 말차례에서 *totally*의 반복함으로써 점점 강조해가면서 화자의 평가를 마무리하고 있다. 이런 면에서 *totally* 의 기능은 *completely*나 *absolutely*와 비슷하다고 할 것이다. 하지만 빈도수 면에서는, *totally*는 Valspeak에서 *completely*보다 훨씬 자주 다양하게 사용된다. 예를 들면, 영화 Clueless에서 *totally*는 11번 사용된 반면, *completely*나 *absolutely*는 각각 1번씩만 사용되었다.

공기하는 배열 패턴 및 의미적 선호도에 관해서 Altenberg(1991: 138)에 따르면, *totally*는 형용사 *different*와 *wrong*과 함께 나타나는데

completely 또한 비슷한 패턴이 보임이 보고되었다. 이번 장에서 사용된 데이터에서 Valley Girl talk을 분석해 본 결과에 따르면 그 보다는 좀더 다양한 공기 패턴이 관찰되었다. 즉 *totally*는 긍정적인 형용사랑 공기하기도 하고(예를 들면 *hot, awesome, important* 그리고 *special*), 또한 부정적인 형용사랑 공기하기도 하였으며(예를 들면 *grody, gross, gnarly, rigid* 그리고 *out of touch with civilization*) 물론 중립적인 형용사와도 (예를 들면 *different*)[33] 공기하는 현상을 보여주고 있었다.

이와는 대조적으로 *absolutely*는 최상급 형용사, 특히 감정적인 힘이 느껴지는 표현들(예를 들면 *super*나 *crucial*)과 공기하는 경향이 있음이 보고되었다(Partington 1993; Tao 2007). Tao(2007)에 따르면, *absolutely*에 긍정적인 효과가 쌓이면서 심지어 단독으로 쓰일 때조차도 긍정적 의미가 전달되는데, 응답으로 쓰일 경우 *absolutely*가 여타의 다른 부사들(예를 들면 *totally, completely, perfectly, entirely*나 *utterly*)과 구분되는 점이라고 하겠다. 그러나 긍정적인 표현을 의미적으로 선호하지 않는 *totally*가 Valley Girl talk에서는 긍정적인 응답표지로 쓰이고 있다. 다음의 예문을 살펴보자[34].

---

33   BNC와 Brown corpus 자료에서는 *totally*는 긍정적인 수식어보다는 부정적인 수식어와 3배 이상 공기하는 현상이 보고된 바 있다 (Cho 2011).

34   성인발화의 경우 *totally*는 단독으로 긍정적 응답신호로 별로 쓰이지 않았지만 *absolutely*는 단독으로 자주 사용되었다(Cho 2011; Lee 2011).

A: Looks **totally** different, doesn't it?

B: Absolutely.

(29)(Square Pegs)

Marshall:　We're **totally** different bands

Johnny:　**Totally.**

다음은 또 다른 예시로서 *totally*가 상대방 대화자에게 강한 동의를 나타내는 상황에서 사용되고 있다.

(30) (House)

Cameron:　So, wait, *Like,* I can, *like,* lie to House but, *like,* not to a
　　　　　　patient?

Cuddy:　**Totally.**

평가하는 말차례에서 응답으로 *totally*가 단독으로 사용될 경우 강도가 큰 동의를 표현하고 있다는 느낌을 줄 수 있다. 예문 (31)을 보면 할머니조차 십대 소년인 Johnny의 평가에 *totally*로 강하게 긍정 반응을 보이는 것을 알 수 있다.

(31)(Square Pegs) ((at party))

Johnny:　　*totally* different band

Granny:　**totally**

또한 주목할 만한 것은 Valley Girl talk에서는 언어의 반복 사용이 폭넓게 관찰되고 있다. 즉 *totally*를 화자 본인이 반복하거나 상대방이 반복하거나 하는 것인데 예문 (25)-(28)은 같은 말차례에서 동일 화자에 의한 반복을 보여주고 있는 반면에 예문 (29)-(33)는 말차례를 건너서 다른 화자에 의한 반복의 예를 보여주고 있다.

(32) (Clueless) ((at the robbery))

Cher: It's like a *totally* important designer.

Robber: And I will **totally** shoot you in the head. Get down.

(33)(Valley Girl)

Julie: I'm so sure. Brad's *totally* hot.

Loryn: I think he is **totally** hot.

Tannen(1987)에 따르면, 대화에서 어떤 표현을 반복하는 것은 발화 사이에 일종의 일관성/응집성을 창출하고 이는 나아가서 대화자 상호간에 몰입(involvement)을 증대하는 데에 기여한다는 것이다. 위와 같은 반복은 또한 특히 성인들 사이의 대화에서 자주 관찰된다고 하였다 (Tannen 1987).

　어떤 표현의 반복 사용이 하나의 담화를 다른 부분에 연결시킬 뿐만 아니라 대화 참여자들 사이를 연결시키는 기능을 하기 때문에(Tannen 1987: 584), Valley Girl talk에서 말차례를 건너서 쓰이는 *totally*의 전형적인 반복은 이전 화자의 발화를 승인하거나 또는 화자 자신이나 상대방의 발화를 강조하게 되고 이는 대화자들 사이에 동의와 유대감을 나타내는 데에 기여한다.

　이처럼 어떤 담화표지의 반복 이외에도 Valley Girl talk에서는 여러 담화표지가 서로 결합하여 무리를 지어 사용되는 군집 현상이 많이 관찰되었다.

(34) (Clueless)
Cher: ... so I was **like, totally** buggin' ...

(35) (Valley Girls)
Julie: ... I can't see you anymore, okay?
Randy: Okay. I know what it is. I know what this is.
           It's your fucking friends, right? Shit, Julie, what is this?
           It's between you and me... not between the rest of the fucking world.
           So fuck off! It's your friends. Fuck you!
           Well fuck you, **for sure, like totally!**

예문 (35)에서 좀 가볍긴 하지만 마음이 고운 Valley girl인 Julie는 자신의 친구들이 Randy를 좋아하지 않는다는 이유로 Randy와 결별한 상황이다. 바로 이런 상황에서 Randy는 여러 담화표지를 나열하고 있는데 ("*for sure, like, totally*"), 이는 Valley girl에 의해서 전형적으로 쓰이는 말을 희화화하는 것으로서 Julie와 그녀의 친구들에 대한 적대감을 드러낸다. 이처럼 여러 담화표지들을 나열해서 사용하는 것은 전형적인 Valley Girl talk의 특징을 보여준다.

담화표지가 다른 표지들과 결합해서 나타나는 현상은 각 담화표지의 기능을 파악하는 데에 실마리를 제공한다. 예를 들면 주제 전환하는 담화표지 *well*과 가장 많이 결합하는 표지는 *well you know, well now, well I think, oh well* 그리고 *we you see* 등이라고 한다(Kalland 2001). 이와는 대조적으로 Valley Girl talk에서 관찰되는 결합 패턴은 위와 같은 실마리를 제공하지 않는 것으로 보인다. 즉 위의 예문들에서 살펴본 바와 같이 기능적으로 서로 일관성이 없는 표지들이 서로 공기하는 현상이 관찰되었다(예: for sure, like, *totally*). 이는 청소년들의 언어사용 패턴은 성인들과는 사뭇 다름을 보여준다고 하겠다.

2.4. 맺는말

Valspeak에서 관찰되는 담화표지는 텍스트적 기능을 수행한다기보다는 상호작용적 기능을 수행하는 것으로 나타났다. 즉 대부분의 담화표지들은 선행 또는 후행하는 담화에 대한 화자의 주관적인 반응이나 태도를 나타내는 것으로 화자와 청자 사이에 협력이나 친밀감 등을 상호작용적으로 표시하는 것이다.

Valspeak에서 관찰되는 담화표지들의 전형적인 기능은 주로 울타리 표현(hedges)이나 증폭 표현(boosters)라고 할 수 있다. 예컨대 *like*는 주로 울타리 표현으로 쓰이는데 Valspeak에서 청소년층에 의한 *like*의 잦은 사용은 다소 느슨하고 애매한 태도를 나타내는 바 이는 청소년층의 "하나로 다 해결되는"(one-size-fits-all)심리를 드러낸다고 할 것이다. 따라서 Valspeak에서 *like*가 유난히 많이 쓰이는 현상은 청소년들이 너무 독단적으로 보이기를 꺼려함을 드러낸다고 할 것이다. 즉 발화는 적당히 애매하게 하지만 그럼에도 불구하고 상대방이 알아서 이해해주기를 원하는 태도("less-telling, more-supposing tendency")와도 연결된다. 이는 Andersen (2000: 304)의 다음과 같은 주장과도 일치하는 바가 있다. "marking of reduced commitment, whether lexical or epistemic, is the current young generation's conversational contribution that reflects its more general non-committal stance."

한편 totally, so totally, duh 같은 표지들은 증폭어로서 쓰이는데 화자의 정의적 태도를 강조하는 강한 어조로 발음되는 경향이 있다. 담화표지 totally는 단독으로 쓰이든 아니면 수식어로 쓰이든 청소년층들이 대화 상대방에게 동의하고 있음을 강조할 때 쓰이는데, 가끔 totally를 말차례를 건너서 반복사용하는 경향이 있고 때로는 후설모음의 전설화가 이루어져서 /tʰɛtəli/[35]로 발음하기도 한다. 이는 청소년층의 대화에서 종종 감지되는 소위 '고몰입 스타일(high-involvement style)'로서 지시적 의미보다는 정의적/상호작용적 의미가 더 강조되고 있다. 그들의 대화는 대체로 생생한 스토리텔링이나 직접화법, 의성어 또는 발성 변화 등의 잦은 사용으로 특징지워진다(Tannen 1984; Nordberg 1986).

따라서 Valspeak에서 자주 쓰이는 이러한 언어특징은 청소년들의 사회적 정체성과 내집단성을 표현하는 것이며 부모로부터 독립하고 동

---

35   어떤 담화표지의 발음할 때 이처럼 강한 강조를 하는 현상 외에도 totally /tʰɛtəli/에서 관찰되는 후설모음의 전설화/비원순발음(fronting/unrounding)은 캘리포니아 젊은층의 언어에서도 자주 보이는데 소위 캘리포니아 언어 스타일로 불리기도 한다(Hinton et al. 2008). 한편으로는 그러한 스타일은 젊은 특권층 - 백인이고 도시에 거주하고 재정적으로 안정된-의 언어 스타일로도 인식되기도 한다. 그러나 다른 한편으로는 이러한 언어 스타일은 종종 희화화되기도 하는데 삶에 대한 열의와 책임감의 결여 및 쾌락주의적인 태도와도 연결되어서 종종 후설모음의 전설화 자체가 낙인찍히기도 한다.

시에 동질 청소년 그룹과 합일점을 찾아가는 청소년들의 증가하는 욕구를 반영하는 것이다. 또한 말차례 건너서 그러한 표지들을 반복적으로 자주 사용함으로써 화자간의 유대감을 증대시키는 효과를 낳는데 이는 뭔가 근저에 부적절함이 존재함을 반영하기도 한다는 것이다(Andersen 2000). 따라서 Valspeak의 사용은 청소년기의 불안정성을 감소시키는 역할을 하게 되며, 따라서 청소년들이 자주 사용하는 *like*와 같은 울타리 표현과 *totally* 같은 증폭어가 도움이 된다.

본 연구의 결과는 사회언어학/담화분석 분야뿐만 아니라 응용언어학/영어교육분야에서도 시사하는 바가 있다고 할 것이다.

첫째, 이러한 담화표지 사용에서 관찰되는 음운적 발현 및 사회언어학적 특성들은 Brinton(1996)이 나열한 담화표지의 기술적인 특징인 음운적 축약 및 사회언어학적인 매개변수(parameter)와 일치한다. 또한 본 연구는 Brinton(1996: 33-35)이 제시한 담화표지의 특질에 대한 목록에 또 하나의 기술적 특질을 첨가한다고 할 수 있는데 이와 같이 사회언어학적인 관점에서 이루어진 연구들은 다른 방언 또는 레지스터에서 각각 다른 담화표지들이 어떤 다양한 기능을 수행하는지에 대해서 공헌을 할 수 있을 것이다.

둘째로 Valspeak의 화자들이 자신들의 발화를 어떻게 조직하는지를 분석함으로써 본 연구는 레지스터와 발화 구조사이의 관계를 이해하는 데에 도움이 될 수 있으며 이는 거시적인 사회적 현상인 Valspeak를 미시적인 대면 대화를 상세히 연구함으로써 이해할 수 있다는 것이다. 따라서 이 연구의 결과는 나이/연령층에 관련되는 변이를 화용적인 특질-화자의 태도나 대화적 공손성, 담화의 구성-을 분석함으로써 이해할 수 있음을 보일 것이다.

사회언어학적 관점에서 언어 사용에서의 연령 변이를 인지하는 것은 연령에 관련되는 여러 가지 언어 현상에 대한 질문에 대한 답변을 제시할 수 있을 것이다. 즉 청소년층의 언어는 주류층의 언어와 얼마나 다르며 이는 청소년층의 언어를 구별된 방언으로 인식할 것인지? 또한 왜 청소년층의 언어는 다른지? 어떤 사회적 심리적 인지적 현상이 연령 매개변수에 따른 언어 변이에 반영되어 있는 것인지? 에 대한 해답을 제시할 수 있을 것으로 기대한다.

셋째로 응용언어학 및 영어교육의 관점에서 볼 때, 본 연구는 "authentic English"의 한 변이로 볼 수 있는 Valspeak가 어떻게 개별 상황에 따라 사용되는지를 이해하는 데 도움이 되며 나아가서 다양한 영어 교육 및 교재 개발에도 기여할 수 있을 것이다. 또한 미국 청소년층의 소통 스타일을 이해하는 데에 도움이 되면 나아가서 한국 화자와 영어 화자와의 이문화 간 의사소통을 증진하는 데에도 기여할 것이다.

담화표지란

무엇인가

제5장

제도 담화에서의
담화표지의 기능

Chapter 05

제도 담화에서의
담화표지의 기능

1. 위기 협상에서 담화표지 I mean의 기능[36]

1.1. 들어가는 말

이번 장에서는 담화표지 *I mean*이 제도담화에서 어떻게 쓰이는지를
살펴보고자 한다. 제도담화 중에서도 위기 협상이라고 할 수 있는 1993년
에 일어난 미국 텍사스주 웨이코 포위전 협상(Waco siege negotiations)
중에서 두 개의 transcripts를 대상으로 *I mean*이 위기 협상에서 어떻게
쓰이는지 살펴보고자 한다. 웨이코 협상은 1993년 텍사스주 웨이코에서
미국연방정부(FBI)와 사이비종교 다윗파(the Branch Davidians)와 51

---

36   이번 장은 저자의 논문인 *I mean* as a Marker of 'Interpersonal Repair' in Crisis
Negotiations(2016)을 참고했음을 밝혀둔다.

일 동안 대치한 사건이다. 이 협상은 인질협상이라 분류되기도 하는데 본 연구에서는 중립적이고 좀더 포괄적인 개념인 '위기 협상'(crisis negotiations)[37]으로 분류하기로 한다. '위기 협상'은 대체적으로 문헌과 경찰 훈련 지침서에서 사용되는 용어로서 폭력을 행사하고 있는 사람들 (직장 또는 가정, 자살 또는 테러리즘)과 의사소통하기 위해 사용되는 법을 행사하는 기법을 일컫는다(Miller 2005: 281). 따라서, 협상은 "agreement making through bargaining or problem-solving, typically via quid pro quo" (Rogan, Hammer & Van Zandt 1997: 11)라고 정의되기도 한다.

대치하고 있는 두 그룹사이의 갈등을 해결하기 위해서 협상자와 요주의 인물(person of interest) 사이의 상호작용적 관계가 중요한 역할을 한다고 한다(Royce 2012). 무엇보다도 협상의 의사소통적 측면이 위기 협상에서 가장 중요한 국면으로 강조된 바 있다.[38] 비록 협상과정에서

---

37   인질 협상(hostage negotiations)은 법을 집행하는 기관과 (대부분의 경우 범죄인이나 테러리스트) 개인사이의 협상을 지칭하는 것으로 자신의 의지에 반한 사람을 인질로 잡고 있을 때 사용된다. 웨이코 포위전의 경우에는 위와 같은 인질 협상이라고 정의하기 어려운 부분이 있는데 왜냐면 웨이코 울안(compound)에 소위 잡혀있다는 사람들이 다윗파의 명백한 협박에 의해 잡혀있다기 보다는 그들이 원해서 그 울안에 머물러 있었을 수도 있었기 때문이다.

38   다음은 이와 관련하여 Noesner & Webster(1997)는 FBI 리포트에서 다음과 같은 언어적 기술을 제시하였다(Royce 2012: 7).

(1) 협상자가 사용하는 일인칭 다수 사용 및 일인칭 메시지

(2) 협상자가 마지막 단어/구 또는 중요한 사항을 반복하는 거울이미지(mirroring) 사용

(3) 부가 의문문의 사용 및 상대방의 감정이나 태도를 인정함을 보이기 위해 사용되는 상대방의 반응을 끌어내는 발화들

(4) 담화차원에서 서로 상호작용을 유지하기 위해서 반사적인 강조어(reflective empathizers)

(경찰측) 협상인들을 위한 언어적 스킬은 제시된 바 있지만 실제 협상이 막다른 골목으로 치닫는 것을 피하면서 여전히 각자 입장들을 고수할 수 있는지에 대한 연구는 거의 이루어진 바가 없다.

위기 협상담화는 제도 담화라고 할 수 있는데 이는 일상 대화와는 구별된다. 제도 담화에서는 참여자들이 그 제도권에서 관련되는 특정한 목표와 정체성에 매여 있기 때문이다(Heritage 1997). Maynard (1992)에 따르면 제도 담화에서 참여자들이 제도 담화의 업무나 상호작용의 목표에 대해 이해하고 있지만 그러한 업무나 목표를 어떻게 수행하는지는 매번 상호작용의 국지적 조건에 따라 융통성 있게 변화한다는 것이다. 즉 제도권의 목표가 아마도 협력적인 것이든 (의사와 약속하는 것처럼) 또는 갈등이 있는 것이든(대질심문과 같이).

이번 장에서는 담화표지 I mean이 위기 협상에서 어떤 역할을 하고 있는지 특히 '상호작용적 수정'(interactional repair) 행위를 어떻게 수행하고 있는지 살펴볼 것이다. 양적연구와 질적연구를 중심으로 I mean이 참여자(FBI 협상자측과 요주의 인물측)에 따라서 또 협상의 성격(3월 9일과 4월 18일 비교)에 따라서 어떻게 사용되는지 볼 것이다. 이와 관련하여 다음과 같은 연구과제를 제시한다.

(1) 선행연구들에서 보고된 I mean의 기능들 중 위기 협상 데이터에서 주로 관찰된 기능은 무엇인가?

(2) '앞으로 조정이 있을 것이라는 사전경고'(forwarning upcoming adjustment)라는 I mean의 기본 의미가 대화의 목적에 따라서 어떻게 특정화되어 나타나는가? 또한 각 참여자측의 업무나 목표를 수행하는 서로 다른 협상 맥락에 따라 I mean의 사용패턴이 달라지는가?

선행연구들이 협상자측의 전략을 선한 사람들(good guys)측에서만 연구했다면 본 연구는 악한 사람들에 해당하는 요주의 인물측에서 사용되는 전략을 담화표지 *I mean*의 사용을 중점으로 살펴볼 것이다. FBI 측에서 대화를 시작하고 유지하는 데 적극적이지만 사실은 갈등을 해결하는 것은 결국은 양측의 이익을 도모하기 위함이라는 것이 기본 가설이다.

1.2. 선행연구

담화표지 *I mean*에 대해서는 광범위하게 연구가 이루어져 왔다 (Crystal & Davy 1975; Goldburg 1980; Schourup 1985; Schiffrin 1987; Erman 1987; Fox Tree & Schrock 2002; Furko & Abuczki 2014; Szczyrbak 2014). Crystal & Davy (1975)에 따르면 담화표지 *I mean*은 화자가 바로 이어지는 자신의 후행발화의 의미를 명백하게 하기를 원할 때 쓰인다고 한다. *I mean*의 주된 기능중의 하나는 화자의 선행발화를 명백히 하는 것이다(Goldburg 1980: 124-5). 여기에서 *I mean*의 수정 기능이란 음운적 또는 문법적 오류를 바로 잡는 것인데(Goldburg 1980: 124-5) 이는 발화시에 생기는 문제를 바로 잡는 기본 수준의 조정행위라고 할 것이다. *I mean*이 발화중간에 나타날 때는 바로 앞의 음운적/문법적 오류를 수정하는 것이라고 보고되고 있다.

그러나 본 연구에서 살펴본 바로는 *I mean*은 발화의 음운적/구조적 오류 또는 잘못된 단어 선택과 같은 문법적 수정의 단계를 넘어선 '상호작용적 수정'(interactional repair) 기능을 수행하고 있는 것으로 관찰되었다. 따라서 *I mean*은 위기 협상 맥락에서 화자가 자신의 의도나 행위가 상대방에 의해서 제대로 전달되지 못했음을 감지하고 이를 조정하려고 할 때 쓰인다.

*I mean*이 행하는 명백화 기능과 수정 기능 외에도 Erman(1987)은 다음에 열거한 것처럼 완곡화 기능을 추가하였다.

(1) 화자가 자신이 개인적 입장이 담긴 선행 주장에 대한 정당화를 시작할 때

(2) 선행발화에 대한 좀더 자세한 조정을 시작할 때

(3) 화자가 선행발화에 대해서 책임감을 덜 가질 수 있도록 완곡하려고 할 때

담화표지 *I mean*이 나타나는 위치에 따라서도 기능이 다르다고 할 수 있다. 예를 들면 *I mean*이 발화시작지점에 사용되면 조정(modification)과도 같은 모니터링 기능을 갖고, *I mean*이 발화중간지점에 나타나면 종종 수정행위를 수행한다. 문장/발화 마지막에 쓰일 때 *I mean*은 완곡이나 비공개 공손법 표지(off record politeness marker)로 쓰인다. 화자는 방금 발화된 것을 조정하고자 하나 대놓고 조정하지 않고 어색하거나 불편한 세부사항을 공개하지 않는 경우이다(Erman, 1987).

Schiffrin은 화자의 의도를 나타내는 *I mean*의 직설적인 의미에 근거하여 I mean의 주된 기능으로서 "앞으로 조정/대치 작업이 있을 것임을 청자한테 알릴 때"(1987: 307) 라고 하였다. 담화표지 *I mean*은 화자의 선행발화의 내용뿐만 아니라 의도 또한 확장될 것이라는 것을 나타낸다. "조정을 협상"(negotiating alignment)하는 표지로서의 *I mean*의 기능은 화자가 좀더 완곡한 방식으로 뭔가를 조정하고자 협상하려는 태도로

전환할 때 쓰이는 *I mean*의 완곡화 기능과 비슷하다(Schiffrin 1987: 307). 따라서 화자가 체면위협 행위로부터 거리를 두거나 또는 책임을 덜 지려할 때 쓰인다는 점에서 *I mean*은 소극적 공손 기제의 하나로 분석되기도 한다(Schiffrin 1987)[39]

이와 유사한 맥락에서 Fox Tree & Schrock (2002)은 *I mean*의 기본적인 기능은 단어 수준에서뿐만 아니라 의미의 협상에 이르기까지 앞으로 조정작업이 예상된다는 것을 나타낸다고 하였다. 즉 그들은 *I mean*의 5가지 기본적 기능을 제시하였는데 이는 대인관계적 기능, 말차례 관리 기능, 수정 기능, 점검(monitoring) 기능 그리고 조직 기능이다. 여기에 덧붙여 *I mean*은 주로 발화를 조정하기 위해서 사려깊고 의견/주장이 분분한 대화에서 자주 사용한다고 하였다. 따라서 *I mean*은 체면위협을 감소시키려 할 때 쓰인다는 점에서 적극적 공손기제와 소극적 공손 기제로서 분석될 수 있다는 것이다.

제도 담화에서 *I mean*이 어떻게 쓰이는지에 대한 연구는 소수에 불과하다. 예를 들면 Szczyrbak(2014)는 경찰 인터뷰 맥락에서 담화표지 *I mean*과 *you know*를 분석하였는데 Fox Tree & Schrock(2002)에 근거하여 Szczyrbak(2014)은 *I mean*의 기능으로서 7개의 기능-명백화 (clarification), 부연설명(elaboration), 자기수정(self-repair), 오류 편집, 망설임, 완곡 그리고 답변 추출(response elicitor)-을 보고하였다. 덧붙여서 인터뷰 대상자(증인 또는 피의자)가 *I mean*을 자주 사용함으로써 본인의 의도가 경찰에 의해 제대로 이해되도록 하는 데 도움을 준다

39 　비슷한 맥락에서 *I mean*의 "softening"기능이 Swan(1997: 159)에 보고된 바 있다.

는 것이다.

담화표지 (예컨대 *you know*나 *I mean*)의 사용과 제도 담화(예를 들면 경찰 인터뷰)에서 참여자 지위와 상관관계 또한 Szczyrbak(2014)에서 보고되었는데 *you know*는 인터뷰하는 사람(즉 힘이 더 있는 측)의 확실성/힘을 나타내고 혹은 인터뷰 대상자(힘이 적은 측)의 불확실성이나 힘없음을 드러내기도 한다. 한편 *I mean*은 주로 인터뷰 대상자에 의해서 쓰이는 걸로 보고되었는데(95.4 %), 이는 *I mean*은 경찰 인터뷰 대상자가 자신이 이야기에 응집성을 증가할 수 있고 또한 사건에 대한 자신의 설명을 좀더 신빙성 있게 하는 데 유용하게 쓰이는 표지라는 것이다. 이처럼 경찰 인터뷰에서 인터뷰하는 사람과 그 대상자 사이에 비대칭적인 역할에 따라 *I mean*의 사용이 달라짐이 보고되었는데(Furko & Abuczki 2014) 인터뷰 대상자가 *I mean*을 자주 쓰는 것은 부분적으로는 어떤 특정한 제도 상황에서 덜 편안하게 느낄수록 *I mean*의 (담화조정 기능이라고 할 수 있는) 머뭇거리기나 단어찾기 기능을 자주 쓴다는 것이다[40]. 이는 또한 양측에서 자신의 담화를 얼마나 계획하여 제시하느냐와도 관련이 있다고 한다.

위기 협상 맥락에서 *I mean*은 화자가 자신의 의도나 발화수반력이 상대방에 의해서 제대로 받아들여지지 않을 때 대화의 방향성을 재설정/조정할 때 사용되었다. 본 연구에서 밝혀진 흥미로운 사실은 (많은 학자

---

[40]　인터뷰하는 측에서는 [질문개시어+ *I mean*+ 질문]의 구조를 많이 쓰는 반면에 인터뷰 대상자들은 그 질문에 대한 답으로서 [대답개시어/짧은 답변 + *I mean* + 부연설명/예시/설명] 구조를 많이 쓰는 경향이 있었다(Furko & Abuczki 2014: 51).

들에 의해서 지적된 바와 같이) *I mean*이 발화수반력을 완화시키는 데에 사용될 뿐만 아니라 사실은 발화수반력을 강화시키기 위해서도 사용된다는 것이다. 다시 말하면 본 연구에서 사용된 데이터를 분석한 결과에 따르면 *I mean*이 곧 조정 작업이 있을 것이라는 것을 미리 알려줌으로써 상황에 따라서 또는 각자 추구하는 과업에 따라서 완화시키지 않는 표현들과 자주 사용된다는 것이다. 담화표지 *I mean*은 다음 담화표지들과 마찬가지로 비공식적인 상황에서 쓰인다. 따라서 *I mean*은 비공식 인터뷰보다는 일상대화에서 2배나 자주 쓰이는 것으로 보고되었다 (Stubbe & Homes 1995: 77. 80). 하지만 이와는 상반되는 연구 결과도 있는데 *I mean*은 일상대화보다는 깊이 생각하는 대화(considered talk)에서 더 자주 쓰이고 또한 이야기체보다는 의견을 교환하는 발화에서 더 자주 쓰인다는 것이다(Fox Tree & Schrock 2002). 본 연구에서 쓰인 데이터를 살펴보니 화자들은 *I mean*을 발화중에 무작위로 섞어 쓰는 것이 아니라(Fromkin 1973) 자신의 의견을 개진하는 소위 깊이 생각하는 대화(예컨대 위기협상담화)에서 상대방측과 원활한 협상으로 진행하기 위해서 코멘트, 정당화, 부연설명, 명백화 등과 같은 조정 작업이 곧 있을 것이라는 것을 미리 알려주는 데에 쓰인다.

1.3. 데이터 및 방법론

이번 장에서 *I mean* 연구에 쓰인 데이터는 1993년에 일어난 미국 텍사스주 웨이코 포위전 협상(Waco siege negotiations) 중에서 두 개의 transcripts를 대상으로 한다. 웨이코 협상은 1993년 텍사스주 웨이코에서 미국연방정부(FBI)와 사이비종교 다윗파(the Branch Davidians)

와 51일 동안 대치한 사건이다. 그 협상 중 일부 트랜스크립트가 법무부에 의해서 공개되었고 그 중 3월 9일자 트랜스크립트 #100과 협상이 막바지로 치닫는 때인 4월 18일자 트랜스크립트 #240이 분석의 대상이 되었다

협상자측(FBI)과 요주의 인물들(다윗파) 간의 약 5시간의 전화통화에 해당하는 총 14,484 단어분량에서 총 41개의 *I mean*이 담화표지로서 사용되었다. 빈도수는 1000단어마다 *I mean*이 몇 개 쓰였는지를 나타내는데 각 트랜스크립트에 대한 내용은 다음과 같다.

3월 9일자 트랜스크립트 (tape #100)

FBI요원인 John Dolan이 다윗파 사람들인 David Koresh, Rachel Jones (David의 아내), Steve Schneider (David의 대리인)와 1993년 웨이코 위기맥락에서 서로 협상하는 전화통화이다. Dolan은 양측의 사격 중에 손가락에 상처를 입은 Judy라는 여성을 풀어달라고 교주인 David와 그의 처와 협상을 하는 중이다. Dolan은 Judy가 상처를 치료받아야 되는 위급성을 강조하면서 그 웨이코 울안에서 당장 나와서 "20분에서 25분 이내"에 병원으로 호송되어야 함을 설득하는 반면에 Koresh 부부는 울밖으로 나가는 것보다는 안에 머물고 싶어한다는 Judy의 입장을 존중하는 것이 더 중요하다는 주장으로 맞서고 있다.

Judy의 우선권을 존중한다는 입장에 근거하여 Koresh부부는 Judy를 울밖으로 내보내는 대신 의료진이 울안으로 와서 치료해줘야 된다고 맞서는 상황이다. 그 다음날 아침 일찍 Dolan과 Schneider의 대화는 울안에 머물고 있는 아이들의 동영상 테이프를 중심으로 공전하고 있고 마

침내 교주인 David를 깨우기로 한 결론에 다다르게 된다.

4월 18일자 트랜스크립트 (tape #240)

David Koresh와 FBI요원과의 협상은 점점 더 대립적인 상황으로 치닫게 된다. Koresh는 자기네 울안에 피해를 초래한 (정부측) 장군들의 행동을 비판하고 또한 외부에서 자기네 종교를 부정확하게 묘사하는 시각을 비판하면서 대화를 시작하고 있다. 한편 FBI측은 그 장군들의 행동은 FBI가 제어할 수 있는 영역이 아님을 해명하면서 그럼에도 불구하고 이 대치상황을 끝내야 한다고 Koresh를 강하게 밀어붙이고 있다.

양측은 여기 울안에 있는 사람들이 자기 자신들의 의지에 의해서 밖으로 나올 수 있는지에 대해서 열전을 벌인다. 즉 Koresh 입장은 그들은 충분히 그럴 자유를 누리고 있다는 것이지만 FBI는 Koresh에게 그들이 떠날 수 있게 허락해 달라고 간곡히 부탁하고 있다. 이들의 대화중에 Koresh가 자유시민으로서의 권리를 언급하는데 이는 명백히 자신의 위치와 믿음의 근거를 강조한 것으로 보인다. 이와는 대조적으로 FBI는 Koresh에게 합당한 법적 상담을 받게 해주겠다고 설득하고 있는데 각각 상대방의 의견을 수용할지 여부는 확실치 않다.

1.4. 제도 담화에서 I mean의 기능

1) 어느 측이 I mean을 사용하는가?

다음 <표 1>에서는 각기 다른 참여자 역할과 각기 다른 두 상황(3월 9일과 4월 18일)에서 1000단어당 *I mean*의 빈도수를 보여주고 있다.

<표 1> *I mean*의 빈도수

날짜	빈도수 역할	*I mean*	단어수	1000 단어당 빈도수
3월 9일	협상자	15	4571	3.3
	요주의 인물	7	2663	2.6
	합계	22	7434	3.0
4월18일	협상자	3	2670	1.1
	요주의 인물	16	4380	3.7
	합계	19	7050	2.7

전반적으로 보면, 각 측에서 사용한 *I mean*의 빈도수는 큰 차이를 보이지 않았다. 즉 협상측은 1000단어당 2.5번이고 요주의 인물측의 경우는 3.3이었다. 하지만 두 가지 다른 데이터에서 *I mean*의 빈도수에 대해서 좀더 자세히 들여다보면, 협상자들은 3월 9일에 *I mean*을 더 자주 사용한 반면에 FBI에 의한 급습 하루 전날인 4월 18일의 경우는 요주의 인물들이 해당 표지를 더 자주 사용하고 있는 것으로 보인다. 상세한 분석은 다음 장에서 이루어질 것이다.

이처럼 서로 다른 분포현상이 시사하는 것은 각 측이 자기네 의사를 정확히 전달하기 위해서 매우 주의 깊게 소위 '정당화', '변경/조작'이나 '상호작용적 수정' 등을 활용하여 의미를 협상하고자 함을 보여준다. 따라서 *I mean*은 화자가 조정이나 정렬이 필요하다고 판단할 때 사용된다. 또한 데이터 분석 결과 참여자의 지위/힘과 *I mean*의 사용패턴과는 상관성이 없는 것으로 보인다. 이는 사회적인 신분(협상자 대 요주의 인물)보다는 오히려 각 제도상황에서 참여자들이 수행하는 역할이 힘의 유무를 결정하는 데에 더 중요함을 의미한다.

비록 위기 협상은 근본적으로 서로 적대적이고 대치적이라고 할 수 있지만 본 연구에서 살펴본 데이터에서는 각 측이 각각의 목표를 달성하기 위해서 가능하면 상호간에 충돌을 피하고 양보하고 있다는 것을 보여주려고 하며 또한 '상호작용적 수정'을 하고 있음이 드러났다.

2) I mean이 위기협상에서 어떤 기능을 수행하는가?

여태까지 살펴본 *I mean*의 여러 가지 기능 중 공통점이 있는 것을 고르라면 아마도 "단어수준에서부터 의미의 교섭에 이르기까지 조정 작업이 다가오고 있음을 알려주는 기능"이라고 할 것이다(Schiffrin 1987: 304). 다가오는 조정(upcoming adjustment)은 부연, 정당화 그리고 재구성 등으로 이루어진다.

방금 발화한 것에 대해서 조정작업이 다가오고 있음 또는 "어떤 종류의 조정이 이루어질지"(Erman 1987: 58)를 알려주는 표지로서의 *I mean*은 위기 협상 맥락에서 이 표지가 수행하는 수정기능, 다시 말하면 대인적 수정기능으로 압축될 수 있겠다. 국지적인 음운적 오류나 구조적 오류 또는 선택된 단어의 대안제시 같은 문법적 오류를 수정하는 것(Erman 1987: 175)을 넘어서서 *I mean*은 화자가 추가되는 말이나 생각의 변화와 같이 의미를 바꾸어 말할 것임을 미리 알려줄 때 쓰이는 대인적 수정기능을 수행한다는 것이다. 따라서 대인적 수정이란 협상자와 요주의 인물 사이에 '대인적 조정'이 대립을 풀어나가는 데에 큰 역할을 할 수 있는 위기 협상과 같이 생각이 많고 의견이 개진되는 발화에서 주로 사용된다.

데이터를 분석해 본 결과 담화표지 *I mean* 바로 다음의 조정작업은 때로는 완곡화되지 않은 표현으로 이루어짐을 알 수 있었다. 이러한 관찰은 이전 연구와는 대조되는데 이전 연구들에서는 *I mean*의 기능을 체면위협을 감소하고자 하는 소극적 공손행위로 설명하였다. 즉 "I'm not committed to what I just said and will adjust if you are offended"라고 말하는 것과 같다는 것이다 (Fox Tree & Schrock 2002: 741에서 재인용).

또한 말차례를 취하거나 포기하는 *I mean*의 말차례 관리기능은 이 데이터에서는 거의 관찰되지 않았고(Duncan 1972; Erhman 1987), 또한 *I mean*이 말차례 끝에 위치하는 경우도 관찰되지 않았다.[41] 하지만 말차례 끝에서 *I mean* 다음에 *you know*가 바로 따라 나오는 경우는 두 번 관찰되었는데 *you know*가 바로 옆에 나타난 경우는 대인적 기능을 수행하면서 말할 수 없는 것을 말하는 것("speaking for the unspeakable")(K.H. Suh 2003)으로 상대방에게 추론의 여지를 남겨놓는다고 할 수 있다.

*I mean*은 때로는 선행발화에서 들리지 않거나 오류가 있을 경우가 아니라도 선행발화의 명제적 내용에 대한 명백화나 조정작업이 곧 올 것임을 시사하는 경우에 사용되기도 한다. 이는 즉 문법적인 수정이 아니라 대인적/상호작용적 수정이 곧 일어날 것임을 나타내는 것이다. Schiffrin(1987: 302)에 의하면 이러한 경우 *I mean*은 화자가 선행발화의 내용이나 의도에 대해서 조정작업이 곧 있을 것임을 나타낸다는 것이

---

41   말차례 끝에 위치하는 *I mean*은 빈도수가 낮은 걸로 보고된 바 있다. Erman (1987)에 따르면, 60,000 단어 코퍼스당 4개가 나타났다.

다. 즉 화자는 현재 상호작용상황을 검토함으로써 앞으로 있을 발화의
의도에 약간의 전환이 있을 것임을 나타낸다.

*I mean*은 때때로 양보적인 조정을 할 때도 쓰이는데 이는 선행발화
나 행위에 대한 화자의 확실한 태도를 약화시키거나 또는 강화시키는 데
도움을 준다. 예문(1)은 *I mean*이 양보적으로 쓰인 경우를 보여주고 있
는데 여기에서 *I mean*은 덜 체면위협적인 방향으로 발화를 조정할 조짐
이 있음을 보이고 있다(Erhman 1987; Fox Tree & Schrock 2002). 이 대
화 바로 앞에서 John은 다빗종파와 관련된 문제를 해결할 수 있는 세계
적인 명성이 있는 변호사에 대해서 말했었는데 1번 줄에서 Rachel은
Gary Coker가 자기네 문제를 해결하기에 적합하지 않다라고 말하고 있
다. 자신의 평가가 2번 줄에서 적절하게 받아들여지지 않음을 감지하고
Rachel은 3번 줄에서 자기 말차례를 *I mean*으로 시작하면서 자기의 선
행발화를 수정하고 자신의 입장에 변화가 있음을 좀 덜 체면 위협하는
방식으로 말하고 있다. 이는 다음 줄에서 John Dolan에 의해서 긍정적
인 반응을 이끌어내게 된다.

(1) (3월 9일)

1 RACHEL:	I don't think Gary Coker would be good enough for this
2 JOHN DOLAN:	Oh, I'm not saying that- I'm not saying-
3 RACHEL:	**I mean**, he was a good lawyer. Don't get me wrong
4 JOHN DOLAN:	Yeah

이와는 대조적으로 예문 (2)에서는 *I mean* 다음에 나오는 발화가 비록 양보적인 의미를 가지고 있지만 결국에는 더 강한 주장을 담고 있음을 알 수 있다.

(2) (3월 9일)

JOHN DOLAN: We got to get that thing set. David, she's going to -
you know, you know what's going to happen to the
bone, guy. **I mean**, you and I, neither of us are
medical men, but we know what's going to happen
to the bone.

예문 (2)에서 FBI요원인 John Dolan은 다윗파의 교주인 David Koresh에게 Judy의 손가락이 당장에 병원 치료를 받지 않는다면 심각할 것이라고 경고하고 있다. 불행한 결과에 대해 경고하는 방식으로서 John은 "그녀의 손가락뼈가 어찌될지 알잖아(you know what's going to happen to the bone)"라고 말하면서 상대방의 상식에 호소하고 있다. 그 발화 이후로 바로 양보적인 *I mean*을 사용하여 조정을 하고 있는데 (비록 우리 둘 다 의사는 아니지만...) 이러한 *I mean*은 겉으로는 양보적인 모습을 하고 있는 것 같지만 사실은 이후 발화에 접속사 *but*를 사용하여 더 강하게 종용하고 있다. 마치 "우리 양측 다 서둘러서 가능한 빨리 Judy가 병원 치료를 받도록 서둘러야 된다"는 주장을 하고 있는 것이다. 여기에서 *I mean* 다음에 나오는 대인적 수정에 주목할 필요가 있는데 이는 자신의 선행발화를 반복함으로써 양보적인 의미를 줌으로써 이루어진다. 반복되는 발화에서 인칭대명사의 전환(you에서 we로의 전환)은 화자가 양측의 상식적인 이해심에 호소하고 있음을 보여준다.

양보적인 조정이 있을 것임을 나타내는 *I mean*은 다음 예문에서처럼 조건절이 명시적으로 제시되기도 한다.

(3) (3월 9일)

1 JOHN DOLAN:I don't think I can get a physician to go in there,
2   to be honest with you, but I can have her in the, in the
3   emergency room in 20 to 25 minutes from the front
4   door. We will run, as we say in the business, we will
5   run Code 3, we will have her in the emergency room in
6   20 minutes and, and hopefully we'll be able to save her
7   life and her hand and certainly her finger.
8 RACHEL: Well, that, that's up to her. **I mean**, if you talk to her I
9   don't know what she --
10 JOHN DOLAN: I know. I know, but sometimes, you know, sometimes
11   people -- I know people who hate doctors and they
12   just -- they need a little bit of push for their own
13   good. Give her a little push, would you?
14 RACHEL: Um-hum. Yeah.
15 JOHN DOLAN: Seriously, you, you and I both know what's going to
16   happen.

FBI측에서 Judy의 손가락을 바로 응급처치해야 된다고 반복하여 요청하자 Rachel은 그것은 순전히 Judy가 내려야할 결정이라고 하면서 뒤로 물러나고 있다. 여기에서 *I mean*의 사용은 Judy가 뭔가 자신의 선행

발화/주장에 대해서 조정을 하려고 한다는 것을 나타낸다. 즉 조건절을 사용하여 한발 양보하여 자신의 주장(순전히 Judy 개인이 결정이라는)을 완화시키고 있다. 그러나 양측 다 Judy의 의도(아마도 울밖으로 나가서 병원 치료를 받는 것보다는 울안에 남아 있는 것을 선호할 거라는)를 알고 있고 특히나 FBI측이 Judy가 울안에서 나가고 싶은지를 물어본다면 Rachel은 Judy가 어떻게 대답할 것인지에 대해 확신하고 있음을 확인하고 있다.

이 맥락에서 양보적인 기능의 *I mean*이 하고 있는 일은 Judy가 울안에서 떠나지 않고 남아있기를 원할 거라는 Rachel의 주장을 선취하는 것이고 이는 따라서 Rachel 입장에서는 오히려 더 강한 주장을 펼치는 것이 될 것이다. 하지만 10번 줄에서 명백하게 드러난 것처럼 Dolan이 주장하고 있는 것의 핵심은 Judy 개인의 의지가 아니라 요주의 인물들이 Judy가 떠나게끔 허락하느냐의 여부이다. 이러한 일련의 분석을 통해 알 수 있는 것은 *I mean*이 덜 체면위협적인 방향으로 조정작업이 있을 것임을 알린다는 선행 연구들과는 달리 조정작업은 완화적이 아닌 방향으로 이루고 지기도 하고 심지어 위기 협상 상황이 점차로 심해지고 있음을 나타내기도 한다.

다음 예문도 비슷한 맥락에서 이해될 수 있는데 *I mean*이 반복 사용될 때마다 진술/주장이 점점 더 강해지는 것을 알 수 있다.

(4) (March 9th)
1 RACHEL: That she could lose her finger or her hand, for that matter.
2 JOHN DOLAN: She can. **I mean**, it could be even worse. You know,

3	gangrene is -- we're talking amputation.
4 RACHEL:	Um-hum.
5 JOHN DOLAN:	**I mean**, so it's, it's super- serious and every
6	second counts and every minute counts
7	and if it's in the blood.
8	then --

2번 줄에서 John은 Rachel이 말한 것을 반복하면서 Rachel의 말에 동의하지만 좀더 강한 양태동사(1번 줄의 could에서 2번 줄의 can으로)와 담화표지 *I mean*을 사용하여 더 강한 진술을 하고 있고("it could be even worse"), 심지어 손가락 절단에 이를 수도 있는 심각한 결과에 대해 경고하고 있다. 바로 다음 줄에서 Rachel의 최소반응(Um- hum)을 보면 John이 의도한 발화수반행위의 의도(Judy의 손가락을 응급처치할 필요성)가 제대로 받아들여지지 않았음을 알 수 있다. 여기 5번 줄에서 John은 자신의 말차례를 *I mean*으로 시작하면서 자기의 의도를 좀더 강한 톤으로 확장해서 진술하고 있는데("*it's super serious....*"), 이는 상황의 위중성을 높이려는 것이다. 여기에서 *I mean*을 반복하여 사용함으로써 최악의 경우를 제시하면서 상대방으로 하여금 FBI의 제안에 따르도록 설득하고 있는 것이다.

비슷한 맥락에서 다음 예문 (5)는 예문 (4) 이후에 일어나는 상황이다.

(5) (3월 9일)

| 1 JOHN DOLAN: | So, you know, we're talking about, we're talking about |
| 2 | a serious, life-threatening -- **I mean**, truly |

| 3 | life-threatening situation. So, you know, is she around |
| 4 | there somewhere? |

John은 Judy가 처한 상황의 심각성을 설명하면서 상대방으로 하여금 Judy를 빨리 설득해서 응급실로 가게 하라고 반복해서 설득하고 있다. 담화표지 *I mean*이 초래하는 효과는 더 강한 성격의 조정으로서 이는 좀더 강한 주장을 하는 데에 도움을 준다.

3월 9일자 위기 협상에서 FBI측은 좀더 적극적으로 조정작업에 나서고 있는데 즉석에서 좀더 강한 어조를 사용하는 것이 관찰되었다. 이는 FBI측에서 순전히 Judy 자신을 위해서 그녀의 다친 손가락을 치료해주려는 의도 때문인 것으로 이해된다. 따라서 FBI측은 담화표지 *I mean*을 사용하여, 비록 요주의 인물들은 Judy를 풀어주는 것이 초래할 수 있는 향후 법적 절차를 두려워할지라도 FBI측은 Judy에게 이익이 되는 어떤 조처를 취하도록 상대방을 전략적으로 설득하고 있다.

이제 협상 상황이 다소 다른 4월 18일 데이터에서 *I mean*이 어떻게 쓰였는지 살펴보기로 한다. 4월 18일자 데이터를 보면 FBI측과 요주의 인물들(다윗파 교주인 Koresh와 그의 보좌관인 Steve Schneider) 사이의 대화에서 갈등이 상당히 대립적인 양상을 띤다. 요주의 인물측은 울안에 피해를 초래했던 장군들의 행동을 비판하고 또한 현재 울안에서 머물고 있는 개개인들이 실제로 울밖으로 나갈 수 있는지에 대해서도 FBI측과 첨예한 대립각을 세우고 있다

다음 대화를 보면 Steve는 울안에 머물고 있는 자기네 사람들(다윗파)이 FBI사람들에 대해 얼마나 부정적으로 생각하는지를 강조하고 있

고, 여기에서 *I mean*이 여러 번 반복 사용되면서 자신의 의견을 좀더 명확하게 하면서 FBI의 이전 행동에 대한 자기의 비판에 날을 세우고 있다. 예를 들면 4번 줄에서 *I mean*의 발화에 이어서 (3번 줄에서 FBI에 의해서 긍정적으로 받아들여진) 자기네들의 주장을 더 자세하게 설명하고 있다. 하지만 4번 줄에서 Steve의 새로운 설명에 대해서 8번 줄에서 Henry는 "Well" 이라고 반응하면서 의견충돌이 있음을 경미하게 표현하고 있다. 상대방이 어떻게 반응하는지를 검토하고 있던 Steve는 8번줄에서 *I mean*으로 말차례를 시작하면서 울안에 머물고 있는 다윗파 사람들이 어떤 상황인지에 대해서 자세하게 설명하면서 FBI측에 대한 비난을 강화하고 있다.

(6) (4월 18일)

1 STEVE SCHNEIDER: -- the thing that was the hardest thing to
2   work against was those kind of actions.
3 HENRY :   Sure. Sure.
4 STEVE SCHNEIDER: So **I mean** if -- by them doing that, of course,
5   its going to probably get the negative reaction from 6
6   these people here.
7 HENRY: Well -
8 STEVE SCHNEIDER: **I mean**, they've already damaged — **I**
9   **mean** no one believe
10   — I'll tell you the truth. No one believes anyone
11   will ever be coming back here again. we, we believe that
12   a lot of you people say those   kind of things, but you
13   know good and well that that day will never happen.

14   What has one to come back to with all thats been

15   damaged and destroyed, you know. No trees, all the

16   personal, private property, even of people that are not

17   even here. **I mean** how -- what are you coming back 16 to?

18 HENRY: Well, I guess its going to be — there's going to be a lot

19   of time for healing, a time for rebuilding, a lot of --

다음 예문 (7)은 *I mean*이 앞에 붙는 발화를 통해 비난의 화살을 서로 상대방에게 돌리는 행위가 좀더 강해지고 있음을 보이고 있다. Koresh 는 자기네 울안에 피해를 야기했던 FBI(또는 AFT)의 행동에 대해 비난 하고 있고 4줄에서 Henry는 말차례를 *well*로 시작하면서 선행 말차례에 대해서 약하게 비동의를 표현하고 있는데 그것은 자기네가 통제할 수 없 었던 일이라고 말하면서 상대방이 그 상황에 대해서 이해해줄 것을(you know의 발화와 더불어) 구하고 있다. 5줄에서 Koresh는 *I mean*으로 말 차례를 시작하면서 Henry가 자기의 의견에 반대한 것에 대해 공격의 수 위를 높이고 있다. 여기서 주목할 만한 점은 Koresh는 대명사를 they에 서 you로 수정하면서 책임이 AFT에게 있다고 상황을 모면하는 것처럼 보이는 FBI측을 향한 비난을 강화하고 있는 것이다. 그러한 대립적 논쟁 상황에서 *I mean*은 전략적으로 상대방 체면을 위협하는 데에 사용되고 있다.

(7) (4월 18일)

1 KORESH: Theres a different -- more high profile type situation. I just,

2   I just suggest that, that it, it would be a very bad thing for

3   you to, to keep destroying all this evidence out here.

4 HENRY: Well, you know, I really don't have any control --

5 KORESH: **I mean,** what are they doing. Are they, are they -- are you

6   covering up the ATF? That's exactly what it appears

7   you're doing.

8 HENRY: David, what were trying to do is were trying --

*I mean*은 말차례 끝에서 화자가 바로 전에 발화한 것을 조정하고 싶으나 실제로 조정은 하지 않고 남겨둘 때 사용되기도 한다(Szczyrbak 2014).

(8) (Fox Tree & Schrock 2002에서 재인용).

A: If the response is enthusiastic, well then **I mean**...

B: yes then you'd get you might get somebody elso to

A: exactly

예문 (8)을 보면, *I mean* 이후 수정을 하는 대신에 화자는 의도적으로 상대방이 수정을 하게끔 놔두는 것을 알 수 있다. 이번 장에서 사용된 데이터에는 이런 경우는 관찰되지 않았지만, *I mean*이 말차례 끝에서 *you know*와 더불어 쓰이면서 화자는 굳이 수정할 것을 부연하거나 드러내는 대신 상대방으로 하여금 추론을 하도록 남겨두고 있다. 이는 민감한 주제에 대해 이야기하고 있을 때 주로 관찰되는데 어색하거나 난감할 수 있는 상세한 사실을 보류한 상태로 놔두는 것이다. 다른 완곡표현들은 부정확한 발화임을 나타내고 상대방으로 하여금 자신의 의견을 표출할 수 있는 여지를 남겨놓을 때 쓰이는 반면 *I mean*은 말할 수 없는 사실을 말하는 데에 사용되는데 상대방으로 하여금 말할 수 없는 것이 무엇인지 추론을 하도록 한다. 특히 아주 민감한 주제가 다루어지고 있는 위기 협상 맥락에서는 *I mean*과 *you know*의 결합이 적절히 사용되는 것 같다.

(9) (4월 18일)

KORESH: I told her, I told her I thought she might should go, you know, because, you know, either, you know, we're going to bear it now or we're going to bear it later, and she said she wanted to wait. **I mean, you know** --

위 예문에서 Koresh는 자신의 말차례를 *I mean you know*로 마치고 있다. 담화표지 I mean이 상대방으로 하여금 선행발화에 조정작업이 있을 것이므로 주목할 것임을 알려주는 표지라고 볼 때(Schiffrin 1987: 309), 상대방은 그 발화가 어떻게 수정/조정될 지에 대해서 기대하게 된다. 그러나 조정된 발화를 보여주는 대신에 화자는 *you know*를 사용하면서 살짝 물러서고 있다. 여기에서 화자가 *I mean you know* 조합을 발화하면서 하고 있는 일은 말할 수 없는 것에 대해 말하고 있을 때이다. 위 예문에서 Koresh가 하고 있는 것은 FBI가 제안한 대로 July가 울밖으로 나가서 병원치료를 받기보다는 그들과 함께 울안에 남아있기를 선호할 것이라는 것을 명백히 발화하지 않는 것을 선택하고 있다. 게다가 Koresh는 현재 협상 상황에서 FBI가 제안한 것에 대해서 대놓고 직접적인 반박을 하는 것을 피하고 있다.

1.5. 맺는말

여태까지 위기 협상이라는 제도 담화상에서 담화표지 *I mean*이 "대인적 수정"을 수행하는 표지로서 어떻게 쓰이는 지를 살펴보았다. 질적 연구와 양적 연구를 사용하여 *I mean*이 참여자(FBI 협상자측과 다윗파 요주의 인물측)에 따라 또는 협상의 위기정도(3월 9일과 4월 18일자 데이터)에 따라 어떤 차이를 보이는지도 살펴보았다.

*I mean*이 화자의 선행발화/의도에 대하여 수정/조정이 있을 것임을 알리는 기능은 화자가 자기의 의견이나 의도를 강화시킬 때 사용되고 있음이 관찰되었다. FBI측이 권총에 상처를 입은 Judy를 방면하라고 설득하는 3월 9일자 데이터에서는 *I mean*이 FBI측에 의해서 주로 사용되었는데 Judy를 울안에서 나오게 해서 병원에서 응급치료를 받아야 되는 사태의 심각성을 강조할 때 사용되었다.

이와는 대조적으로 David Koresh와 FBI측과의 대립이 더 심화된 4월 18일자 데이터에서는 *I mean*은 요주의 인물들에 의해서 더 자주 사용되었다. Koresh는 정부측 장군들의 행동에 대해 거세게 비난하고 나아가 외부인들이 자기네 종교(다윗파)를 제대로 이해하고 있지 않다고 말하면서 상대방과 대립하고 있으며 특히 현재 울안에 있는 사람들이 자기네 의지에 따라 나갈지 말지를 선택할 수 있다는 점에서도 FBI측과 첨예하게 대립하고 있다. Koresh는 *I mean*을 사용하여 자기네 입장을 공고히 하고 상대방을 공격할 명분을 제시하고 있다.

위기 협상 상황에서 *I mean*은 앞으로 좀더 강한 어조로 대인적 조정 작업이 있을 것임을 나타내는데, 이는 *I mean*이 체면 위협행위를 완화시키는 완곡어로서의 기능을 한다는 이전 연구와는 대조되는 것이다.

제도담화 맥락에서 앞으로 조정작업이 있을 것임을 예시하는 *I mean*에 의해 수행되는 발화수반력(illocutionary force)은 통역/번역 방면에서도 유용할 것이라고 판단된다. 향후 연구과제로는 통번역에서 *I mean*의 탈락이나 잘못된 통번역때문에 같은 언어로 의사소통하지 않는 두 집단사이의 협상에서 앞으로 다가 올 조정작업의 발화수반력에 어떤 차이를 가져오는지도 주목할 만하다.

위기 협상에서 "중요한 조그만 단어들"(the little words that matter), 즉 담화표지의 역할에 대한 우리의 이해를 심화함으로써 위기 협상에 참여하는 사람들이나 학자들에게 도움이 되었기를 기대한다.

2. 위기 협상에서 담화표지 well의 기능[42]

2.1. 들어가는 말

　이번 장에서는 담화표지 *well*이 제도 담화라고 할 수 있는 위기 협상에서 어떻게 쓰이는 지를 살펴보도록 한다. 데이터로는 앞의 1절에서와 같이 1993년에 일어난 미국 텍사스주 웨이코 포위전 협상(Waco siege negotiations) 중에서 두 개의 transcripts를 대상으로 한다. 웨이코 협상은 1993년 텍사스주 웨이코에서 미국연방정부(FBI)와 사이비종교 다윗파(the Branch Davidians)와 51일 동안 대치한 사건이다.

　담화표지 *well*이 위기상황에서 수행하는 역할을 살펴보는 데에 있어서 "지속가능한 갈등/합의부족"(sustainable disagreement), 다시 말하면 갈등상황에서도 협상이 극으로 치닫지 않고 어느 정도 유지될 수 있도록 돕는 표지로서 *well*의 기능을 알아본다. 질적 분석과 양적 분석을 통하여 *well*이 참여자 역할에 따라서(협상자측인 FBI와 요주의 인물측) 그리고 협상의 강도에 따라서(3월 9일과 4월 18일) 사용패턴이 다른지도 살펴볼 것이다. 기존 연구들이 주로 좋은 사람들 측(즉 협상자측)의 입장에서 협상에서 어떤 전략을 쓰는 게 적절한지를 논의했다면 본 연구에서는 소위 나쁜 사람들에 속하는 요주의 인물들의 입장에서도 어떤 전략을 쓰는 지를 알아본다.

　비록 협상자측인 FBI가 대화를 시작하고 유지하는 데에 더 적극적이

42　이번 장은 저자의 출판 논문인 'Sustainably Disagreement': *Well* as a Discourse Marker in Crisis Negotiation(2015)을 참조했음을 밝혀둔다.

긴 했지만 갈등을 풀어나가는 것 또한(물론 FBI측과 다른 각도에서) 다른 측(요주의 인물)이 바라는 바이기 때문이다.

2.2. 선행연구

담화표지 *well*은 널리 연구되었는데(Lakoff 1973; Svartvik 1980; Schourup 1985; Schiffrin 1987; Greasly 1994; Schegloff & Lerner 2009), 예컨대 Lakoff는 *well*은 담화표지로서 "화자가 자신이 대답할 때 뭔가 불충분한 것을 감지"했을 때 쓰인다고 하였다(1973: 463). Svartvik (1980)은 Lakoff의 분석에 동의하면서도 *well*의 다른 기능을 크게 두 가지인 범위를 좁히기(qualifier)와 틀 만들기(frame)이라고 보았다. 담화표지 *well*의 기능은 다음과 같이 요약될 수 있다.

Qualifier로서의 *well*은 다음과 같은 기능을 나타낸다.
(1) 동의나 긍정적 반응/태도를 나타낼 때
(2) 보강할 때
(3) 의문사 의문문에 대한 덜 직접적인 또는 불완전한 대답을 줄 때
(4) 직접적이 아니거나 범위를 좁히는 답변을 줄 때

Frame으로서 *well*은 주로 문두가 아닌 위치에서 다음과 같은 기능을 가진다.
(1) 이미 논의중인 주제들 중의 하나에 집중하여 주제를 전환할 때
(2) 설명이나 명백화를 도입할 때
(3) 직접화법이 시작될 것임을 나타낼 때

⑷ 자기수정을 이끄는 표지로서

Schiffrin(1987)에 따르면 *well*은 ⑴ 감탄사나 말채움어로서, 말을 주
저할 때, 또는 시작어로서 ⑵ 말차례를 시작할 때 ⑶ 말이 끝날 것임을
예보하는 표지로서 이전 주제로 돌아가거나 새로운 주제를 시작할 때
⑷ 대화참여자들의 공통관심사인 주제로 말을 전환할 때 ⑸ 불완전한
대답이 나올 것임을 미리 알려줄 때 ⑹ 비동의나 비선호반응이 나올 것
임을 미리 알려줄 때 쓰임을 보고하고 있다. 또한 *well*의 이중적 기능인
선행발화뿐만 아니라 바로 나오는 후행발화에 영향을 미치는 표지로서
*well*은 화자와 청자 양측에 집중하여 쓰일 수 있음을 지적하였다. 비슷한
맥락에서 *well*이 붙은 대답은 화자가 선행 조치나 상황의 어떤 국면은 인
정하지 않음을 나타낸다(Greasly 1994).

담화표지 *well*의 기능에 대해 널리 인정되고 있는 것은 주로 갈등이나
체면 위협 행위를 다소 완화하는 기능이다(Brown & Levinson 1978 참
조). Schegloff & Lerner (2009)는 상대방 말에 대한 답변(예를 들면 인접
쌍에서 두 번째 부분에 해당하는)으로 *well*이 말차례 시작할 때 쓰이면
상대방으로 하여금 후행발화가 선행발화에서 기대하는 반응과 다를 수
있음을 경고한다는 것이다.

담화표지 *well*이 망설일 때 쓰이거나 "체면위협을 감소하는 조
치"(Watts 1989: 44)로서 쓰일 때는 일종의 공손장치로서 논의되어왔다
(Watts 1989; Sai-Kuo 1994). 따라서 *well*은 때로는 힘이 없는 언어라고
정의되기도 했는데, O'Barr & Arkins(1980)은 법정에서 *well*이 증인들
의 발화에서 주로 관찰됨을 주목하였다. 이와는 대조적으로 *well*이 오히

려 힘이 있는 측인 판사의 질문에서 자주 관찰됨이 보고되었다(Innes 2010). 예를 들면 *well*이 반대심문에서 사용될 경우 반박의 징후로 쓰이고 때로는 반대의사나 비동의를 표현한다. 이러한 관찰은 Hale(1999)과도 일치하는데 법정 증언시 스페인어 통역자들이 사용하는 담화표지에 대한 연구에서 반대심문에서 질문자들이 증인이나 피고인측으로부터의 대답을 거부하거나 비동의를 야기하기 위해서 *well*을 사용한다는 것이다. 이렇듯이 적대적인 목적으로서의 *well*의 사용은 직접 심문보다는 반대 심문에서 더 자주 관찰되었음이 이를 입증하고 있다(Heffer 2005). 반대 심문에서 비동의를 이끌어내는 데 쓰이는 *well*과는 달리, 공동 심문에서는 *well*은 다른 말로 조정 표현된 명제에 대해서 동의를 이끌어내는 데에 쓰였다. Heffer는 이처럼 통번역 분야에서 담화표지의 사용에 대한 연구를 통해서 통번역자가 담화표지를 빠뜨린 경우 명제적 의미를 변화시키진 않지만 질문이 갖는 발화수반력을 바꿀 수 있다고 보고하였다(Hale 1999)[43]

Svartvik과 Schiffrin의 분석은 Innes(2010)와 더불어 위기 협상에서 *well*의 역할을 분석하는 데에 시발점을 제시해준다고 볼 수 있겠다. *Well*이 답변표지(의사소통적 기능)로서 선행발화에 대해서 비동의와 같은 화자의 태도를 나타내고 또한 틀을 마련하는 표지로서 말차례의 시작이나 끝을 알리는 기능(텍스트적 기능)으로 쓰임은 널리 알려진 바이다.

---

[43] 통번역분야에서 담화표지의 역할에 대한 연구에 따르면 여러 담화표지 중 *well*이 가장 빈번하게 번역이 생략된다는 것이다. Hong(2015) 또한 영화자막에서 *well*이 생략된 경우는 75%에 달한다고 보고하였다.

이번 장에서는 양측이 서로 대립하는 이익이나 의제가 존재하는 위기 협상 상황에서 상대방이 화자의 의견이나 의제에 동의하지 않을 때에도 여전히 화자가 상대방과 비교적 덜 적대적인 관계를 유지하면서 협상을 계속해 나갈 수 있도록 *well*이 어떻게 대립상황을 나타내거나 또는 완화할 때 쓰이는지가 주 관점이 될 것이다.

2.3. 데이터 및 방법론

이번 장에서 *well*의 분석을 위해 쓰인 데이터는 1993년에 일어난 미국 텍사스주 웨이코 포위전 협상(Waco siege negotiations) 중에서 두 개의 transcripts를 대상으로 한다. 웨이코 협상은 1993년 텍사스주 웨이코에서 미국연방정부(FBI)와 사이비종교 다윗파(the Branch Davidians)가 51일 동안 대치한 사건이다. 그 협상 중 일부 트랜스크립트가 법무부에 의해서 공개되었고 그 중 3월 9일자 트랜스크립트 #100과 협상이 막바지로 치닫는 때인 4월 18일자 트랜스크립트 #240이 본 연구에서 분석의 대상이 되었다.

협상자측(FBI)과 요주의 인물들(다윗파) 간의 약 5시간의 전화통화에 해당하는 총 14,484 단어 분량에서 총 88개의 *well*이 담화표지로서 사용되었다. 각 트랜스크립트에 대한 자세한 내용은 5.1.3장을 참고한다.

2.4. Well의 기능

1) 어느 측에서 주로 well을 사용하는가.

다음 <표 1>은 참여자별(FBI 협상자측과 다윗파 요주의 인물측) 그리고 상황별(3월 9일과 4월 18일)로 1000단어당 *well*의 사용 빈도수를 각각 보여주고 있다.

<표 1> well의 사용 빈도

빈도수 비율		Well	단어수	1000단어당 빈도수
날짜	역할			
3월9일	협상가	17	4591	3.7
	요주의 인물	22	2663	8.3
	합계	39	7434	5.2
4월18일	협상가	31	2670	11.6
	요주의 인물	18	4380	4.1
	합계	49	7050	7.0

전반적으로 볼 때 각각 참여자측이 사용한 *well*의 빈도수는 비슷한 걸로 나타났다. 즉 협상자측의 경우 1000단어당 6.6회이고 요주의 인물측의 경우는 1000단어당 5.7 이었다. Innes(2010)의 연구에 따르면 법정에서는 1000단어당 *well*의 비율이 3.4 였고 일상대화의 경우 빈도수가 5임을 감안한다면 다른 장르에 비해서 위기 협상에서는 *well*의 빈도수가 높다고 할 수 있겠다.

두 가지 다른 데이터에서 *well*의 빈도수를 좀더 자세히 들여다보면 3월 9일에는 요주의 인물측이 *well*을 더 자주 사용하지만 FBI가 공격하기 하루 전날인 4월 18일에는 협상자인 FBI측이 *well*을 더 자주 사용하고 있음을 알 수 있다. 좀더 자세한 분석은 다음 장에서 다루어질 것이다.

이처럼 비대칭적인 분포도를 통해서 각측이 협상에서 막다른 골목으로 치닫는 것을 피하기 위해서 서로 공손하게 보이려고 노력하고 있음을 짐작할 수 있겠다. 또한 참여자의 지위/힘과 *well*의 사용 패턴은 상관성이 없는 것으로 나타났다.[44] 이는 어떤 제도 상황에서 참여자들의 역할이나 목표가 그들의 사회적 지표인 힘의 차이보다는 더 관련이 있다고 할 수 있다.

비록 위기 협상은 적대적이고 대립적인 성격일 것이나 실제 데이터를 분석해 본 결과로는 각 측이 각자 추구하는 목표를 달성하기 위해서, 협상에서 막다른 골목에 치닫는 것을 피하고 대화채널을 계속 열려고 하면서, 대립을 피하고 '체면 위협 행위'(Brown & Levinson 1987)를 완화하려고 노력하는 것으로 드러났다.

2) Well이 나타나는 위치는 어디인가?

<표 2>는 말차례 시작과 중간에서 각 참여자측(FBI측과 다윗파)이 *well*을 얼마나 자주 사용하고 있는지를 보여준다.

〈표 2〉 위치에 따른 well의 기능

역할 \ 빈도수	말차례 시작	말차례 중간	합계
협상가	41(87%)	7(13%)	48
요주의 인물	32(80%)	8(20%)	40
합계	73(83%)	15(17%)	88

---

44   이는 4장에서 살펴본 *I mean*의 경우와 마찬가지로 참여자의 지위/힘에 따라 *I mean*의 사용 패턴이 달라지지 않은 것으로 관찰되었다.

담화표지 well은 대부분이 말차례 시작 지점에서 사용되고 있다(83프로). 선행연구에서 지적된 바와 같이 담화표지 well은 대부분 말차례 구성단위(turn constructional unit)의 시작지점에 나타난다. Innes(2010)에 따르면 well이 그 위치에 나타나는 빈도수가 전체 빈도수의 82%에 이르는 것을 보고하였다. 영어 화자의 경우 말차례 구성단위의 시작지점에 "앞으로 발화가 어떻게 진행될지 투영"(Fox, Hayashi & Jasperson 1996: 213) 한다고 보면 well이 왜 말차례 시작점에 주로 쓰이는지 이해가능하다고 하겠다. 말차례 시작 지점에서 화자가 well을 사용하여 앞으로 비협조적인 태도가 나올 것이라는 것을 미리 알려주는 기능은 다음 장에서 자세히 논의될 것이다.

3) 위기 협상 상황에서 well은 어떤 기능을 하고 있는가?

두 가지 데이터에서 관찰되는 well의 기능은 <표 3>에서 보여주고 있는데 관련되는 예문과 함께 자세히 논의될 것이다. Innes(2010) 연구를 기반으로 이를 좀더 개정하여 well의 기능을 세 가지로 크게 분류하였다. 협조적인 태도를 나타내는 기능, 비협조적인 태도를 나타내는 기능, 그리고 중립적인 기능[45] 각자가 서로 서로에게 대립적인 이익을 가지고 자신의 것은 지키면서 상대방을 설득하고자 하는 협상 맥락에서 상대방이

---

[45] 데이터를 분석해본 결과 협조적인 태도나 중립적인 태도를 나타내는 것으로 분류된 well의 쓰임에서 약간의 비협조적인 뉘앙스가 감지되는 경우가 관찰되었는데 이는 위기 협상이라는 맥락과 연관되는 것 같아 보인다. 위기 협상의 특성상 양측이 서로 터놓으려 하지 않고 빈틈없는 상황의 연속이기 때문에 협조적인 태도를 나타내는 논평조차도 비협조적인 조처라는 국면을 드러낼 수 있기 때문이다.

나 선행발화에 대하여 *well*의 사용자가 드러내는 태도는 매우 중요한 역할을 담당하는 것으로 보인다.

〈표 3〉 상황에 따른 well의 기능

기능＼날짜	3월 9일			4월 18일		
	FBI	요주의 인물	합계	FBI	요주의 인물	합계
비협조적 태도	10	13	23	17	8	25
협조적 태도	3	2	5	9	4	13
중립적 태도	4	7	11	5	6	11
합계	17	22	39	31	18	49

*Well*이 앞에 붙는 발화에서 보이는 협조적인 태도는 동의, 인정 그리고 복잡하지 않은 답변 등을 포함한다. 예문 (2)에서 보면 4번 줄에서 *well*은 선행 말차례에서 나온 질문에 대하여 그 질문에서 기대하는 솔직하고 단순한(straightforward) 동의를 보이고 있다.

(2) (4월 18일) (Henry: FBI 협상가 Steve Schneider: 다윗파 요주의 인물)
1 HENRY:　Steve, are we still having problems with that guy Jones?
2　　　　　Is he still --
3 STEVE SCHNEIDER: I hope not. Is he – he went out or something?
4 HENRY:　**Well**, I think he may have gone out or is
6　　　　　right by the doorway or something.

'중립적 태도'는 발화를 관리하고 처리하는 – 예컨대 발화를 계속하거나 새로운 주제를 도입하거나 주요 주제로 다시 돌아가거나, 결론을 내거나 또는 인용을 하거나 등의 기능으로서 소위 텍스트 구성기능에 해당한다. 예문 (3)을 살펴보자. 바로 앞에 오는 맥락에서 FBI 협상가인 John과 다윗파교주의 아내인 Rachel이 Judy의 병원치료에 대해 서로 협상을 하다가 갑자기 Rachel은 John이 매우 젊어보인다고 말하였다. 1줄에서 4줄 사이에서 Rachel은 자신의 아버지를 회상하고 이는 또한 5번 줄에서 John의 자기 아버지에 대한 회상으로 이어진다. 이어지는 7번 줄에서 Rachel은 well로 말차례를 시작하면서 자신의 아버지에 대한 이야기를 계속할 것임을 나타낸다.

(3) (3월 9일)(John Dolan: FBI, Rachel: 요주의 인물)

1 RACHEL: Yeah, well, my dad was always as young as — he

2   always wanted to be young and he didn't like it when

3   he started getting older, but he always acted young, so

4   he was always young. But you know he's gone now.

5 JOHN DOLAN: Yeah. Yeah. My dad is - my dad's not doing too well,

6   personally --

7 RACHEL: **Well**, he's gone because of this whole incident.

비록 well이 주제를 전환하면서 이야기를 계속해나가는 중립적 태도를 나타내고 있지만[46] 이후 발화를 자세히 살펴보면 화자는 자기네 측에

---

46 예문 (3)에서 Rachel이 사용한 well은 다윗파 포위 첫날에 정부가 다윗파가 머물고 있는 울안을 공격한 사건의 돌발을 암시하면서 우선적으로는 자신의 이야기를 계속하기 위해서 사용되

서 추구하던 주요 의제나 논쟁으로 되돌아가기도 하는데 이는 결과적으로 상대방측에 대해서 주의를 분산시키면서 비협조적인 태도를 나타내기도 한다. 예문 (4)가 바로 그런 경우를 보여주고 있다. Koresh는 모종의 단체에 가입되어 있다는 이유로 죄 없는 사람들을 체포한 FBI를 비난하고 있다. 비난을 당하자 John Dolan은 *yeah*의 발화 후 바로 *well*을 사용하면서 주제를 전환할 것임을 예고하고 있다. 이 맥락에서 *well*이 하고 있는 역할은 선행 논쟁에 대한 직접적인 논평을 피하면서, 이미 다루어지고 있었던 주제이면서 동시에 협상가측의 논점이기도 한 (여기에선 Judy의 다친 손가락이 긴급한 병원치료를 요한다는 논의) 주제로 초점을 맞추기 위해서 주제를 전환하는 데에 쓰이고 있다. 이는 주의를 분산시키는 비동의에 해당하는 것으로서 협상과정에서 전략적으로 사용되는 것으로 보인다.

(4) (3월 9일) (John Dolan: FBI 협상가, Koresh: 다윗파 교주, 요주의 인물측)
KORESH: Well, it just goes to show animosity and the irrational con you now, conjectures that are made against these people just because they have any associa—well, you might as well go down and, and arrest Pat Piazzo. You might as well go down and arrest Nancy Piazzo. You might as well go down and arrest people all through, through Waco that we're good friends with.. you know, you need arrest Henry McMann out in Florida.

었다.

JOHN DOLAN: Yeah. **Well,** look, can't you and I work together on
Judy. I know her beliefs are to stay, but -

이야기가 주제에서 벗어나고 중단이 되기도 한 후에 다시 본 주제로 돌아올 때 *well*이 스토리텔링에서 자주 나타나는데(Muller 2004) 그러한 전환은 종종 서로가 관심있는 주제로 향할 때 일어난다고 한다(Schiffrin 1987). 하지만 본 연구에서 살펴본 데이터에서는 *well*이 주제 전환에 사용될 때 반드시 상호간에 관심있는 주제를 향하기보다는 오히려 각 측에서 우선시하는 안건으로 갈 때 관찰되었다. 따라서 화자가 협상맥락에서 우선시하는 안건으로 돌아가서 논의를 재개하기를 원할 때 전략적으로 *well*이 주제를 전환하는 용도로 사용되었다. 이는 *well*의 기능은 맥락에 따라 달라질 수도 있음을 의미한다.

Well 바로 다음에 오는 발화가 나타내는 비협조적이고 비선호적인 태도란 도전, 한계가 지어진 동의, 비동의, 명백화 또는 상대방의 요청이나 제공에 대한 응하지 않음, 응답미루기, 망설이기, 정당화하기, 주제에서 벗어나기 그리고 단순하지 않은 대답('non-straightforward answer')을 포함한다(Schegloff & Lerner 2009). *Well*과 함께 나오는 응답은 화자가 적어도 선행 조치나 상황의 어떤 국면은 인정할 수가 없음을 나타낸다. <표 3>에서 본 바와 같이 비협조적인 조치 바로 앞에 나타나는 *well*의 빈도수가 가장 높았는데 거의 55퍼센트에 해당한다[47]. 각측이 해결해야 되는 대립 상황이 있으면서도 동시에 대화의 채널을 열어놓

---

[47] 협조적인 조치와 중립적인 조치의 빈도수는 각각 20%와 25%에 해당한다.

아야 되는 협상 상황에서 이와 같이 *well*을 사용하여 비협조적인 태도를 드러내는 것이 "유지 가능한 비동의"를 표시하는 데에 중요한 역할을 하고 있음을 보인다. 자세한 분석은 다음에 이어질 것이다.

(5) (3월 9일) (John Dolan: FBI 협상가, Koresh: 다윗파 교주, 요주의 인물)

1 JOHN DOLAN: Look, hey. Between you and me, let's get her out
2   and I guarantee her safety, I guarantee her in the
3   hospital in 25 minutes from the front door
4 KORESH: Yeah, *well*, you see that's between you and her.
5   Because it's just like me, you know, when, when---
6 JOHN DOLAN: She thinks, she thinks I'm going to— or we are
7   going to hurt her, you know. We're not.
8 KORESH: **Well**, sure she thinks that. She's, she's going by all
9   that she sees and observes. I mean.

예문 (5)를 보면 Judy의 다친 손가락을 병원치료를 받게 해야 한다는 FBI측의 요청에 4번 줄에서 다윗파의 교주인 Koresh는 자신이 대답을 *yeah*로 시작하되 바로 *well*을 앞세워서 그 요청에 대하여 응하지 않을 것임을 보이고 있다. 여기에서 Koresh는 그 요청의 전제를 "between you and me"에서 "between you and her"로 바꾸면서 안건을 분산시키고 있다. 이 맥락에서 *well*이 앞에 붙는 발화는 Judy를 방출하는 건에 대한 책임이나 통제를 피하려는 시도로서 해석할 수 있다. 즉, 그 안건에 대한 자신들이 통제할 수 있는지의 여부는 축소하는 동시에 (Judy가 병원치료를 받기 위해 밖으로 나가기보다는 차라리 울안에 남아있기를 원할 것이라는 믿음에 근거하여) 다윗파는 Judy 자신의 선호도를 따라야 됨을 강조하고 있는 것이다. 여기에서 Koresh가 안건을 희석화하고 완화시킬 목적으로 책임을 제 3자(즉 교주 자신이 아니라 Judy)에게 돌리고 있음을 주목할 수 있다. 8번 줄에서 *well*은 바로 비동의가 나올 것임을 표시한다. Judy는 FBI가 자신을 해칠 것이라고 생각하고 있음을 Koresh는 명확히 하고 있다.

때때로 화자는 *well*을 사용하여 해명과 더불어 자신의 비협조적인 태도를 표명하기도 한다. 예문 (6)에서 Rachel은 비록 Judy의 다친 손가락을 치료해 주기 위해서 울안으로 들어오려고 하는 의사가 있더라도 FBI가 그를 용인하지 않을 것 같다는 의구심을 표현하고 있다. 5번 줄을 보면 John은 *well*로 시작하는 응답에서 안전문제 때문에 의사를 들여보내지 않는다고 해명하고 있다.

(6) (3월 9일) (John Dolan: FBI, Rachel: 요주의 인물)

1 RACHEL: What I'm saying, if there was honestly someone out

2   there who was willing — a physician who was

3   willing to come in here and help her, you guys

4   would not let them. I don't think you would.

5 JOHN DOLAN: **Well**, let's just say that a physician did go in and,

6   and something happened to him and that he were

7   hurt that, you know, there'd be a huge question of,

8   of who caused him to get hurt and huge liability

9   issue and all kinds of that. And you know --

well이 상대방 발화에 대한 인접쌍 두 번째 위치에서 질문 바로 앞에 나타나는 경우가 두 번 있었는데 이처럼 well이 앞에 붙는 질문은 앞으로 대립이 있을 것임을 나타내면서 상대방이 앞선 한 발화에 도전할 경우에 사용된다. 따라서 well은 선행발화와 후행발화에 모두 영향을 미친다고 할 수 있는데 예문 (7)을 통해 살펴보기로 한다.

(7)을 보면 Rachel은 참고인이 결국은 1년 형을 살게 되었음이 염려된다고 이야기한다. John은 모든 미국 시민은 보석금제도를 이용할 수 있다고 말하면서 Rachel의 염려를 불식시키려고 하고 있다. 그에 대한 반응으로서, 4번 줄에서 well이 앞에 붙는 질문을 사용하여 Rachel은 상대방 말에 대해서 반박할 수 있는 정보를 제시하면서(Catheriner과 Margaret의 행방을 캐물으면서) FBI측의 의견을 묵살하고 FBI측에 도전하고 있다.

이는 부분적으로는 법정 반대 심문에서 well이 앞에 붙는 질문의 쓰임과 비슷한데[48], 비동의를 야기하는 기능이라고 할 수 있다. 하지만 일상 대화에서도 well은 비동의를 나타내는 데에 쓰이고 있음이 지적되었다(Hale 1999). 여기에서 요주의 인물인 Rachel은 상대방 의견에 대한 반응에서 직접적인 'no'를 사용하는 것을 피하려고 함을 알 수 있다.

---

[48] 법적으로 엄밀하게 말하면 웨이코 위기 협상에서 양측사이에 반대심문이라는 것은 없다. 요주의 인물측에서 FBI측에 모순이 되는 정보를 제시함으로써 FBI에 도전하는 맥락에서는 반대심문과 같은 요소가 관찰된다고 할 수 있다.

(7) (3월 9일) (John Dolan: FBI, Rachel: 요주의 인물)

1 JOHN DOLAN: No! Absolutely not ! Absolutely not! This is — no.

2   This is America. You post bond. Everybody's entitled

3   to a bond. You --

4 RACHEL: *Well*, where's Catherine and Margaret then?

5 JOHN DOLAN: They're out on bond. They've been released. They're

6   totally out. They are out on bond

2.5. 두 가지 데이터에서 well의 사용 비교: "유지할 수 있는 비동의"를 중심으로

이번 장에서는 3월 9일과 4월 18일 데이터에서 *well*의 비협조적인 태도를 완화시키는 기능에 중점을 두고 *well*의 분포와 기능에 대해서 살펴본다. <표 3>에서 3월 9일자 데이터에서 *well*의 기능 중에서 비협조적인 태도가 올 것임을 미리 표시하는 *well*의 분포를 보면 FBI는 전체 사용의 43.5%에 해당하고 다윗파는 56.5%에 해당한다.

3월 9일에는 Judy의 다친 손가락을 병원치료를 받을 것인지에 대해서 양측이 논쟁하고 있다. 즉 FBI는 Judy가 울안에서 나와 병원으로 보내져서 응급치료를 받아야 될 필요성에 대해서 역설하고 있고 이와는 대조적으로 Koresh측은 Judy자신의 선택권을 존중해야 된다는 데에 근거를 두고 Judy가 울밖으로 나가지 말고 의사가 울안으로 파견되어야 한다고 주장하고 있다.

각측이 각각 나름의 의제나 논쟁거리를 가지고 상대방과 반박과 협상을 진행하는 중이므로 양측 공히 "no"나 "I don't think so"와 같은 말을 사용한 퉁명스러운 반박/비동의를 표현하는 대신에 *well*의 완곡화기능에 의존하고 있음을 알 수 있다. 여기에서 *well*은 반박이나 체면위협행위를 완화시키는 기능을 하는데 이는 결과적으로 협상에서 막다른 골목으로 치닫는 것을 방지하는 역할을 한다.

　예문 (8)은 바로 그러한 경우를 보여주고 있는데, John은 반복해서 총상에 손가락을 다친 Judy를 방출해 줄 것을 요청한다. 4번 줄에서 *well*의 사용은 부분적 동의 또는 "주의를 분산시키는 비동의"(diversionary non-disagreement)"를 표시한다. Rachel은 Judy에게 건의해보겠다고 말하면서 John의 요청을 받아들이는 것처럼 보이지만 사실은 Judy야말로 이 요청에 대해서 최종 결정을 해야 할 장본인임을 명백하게 밝히고 있다. 이는 다시 말하면 Koresh측의 협박이 아니라 자기 의지에 따라 Judy는 울밖으로 나오지 않을 것임을 효과적으로 전달한 셈이다. 대화를 통틀어 보건데 Rachel은 Judy를 방출할 의사가 전혀 없는 것으로 보이지만 그럼에도 불구하고 Rachel은 *well*로 시작하여 반응함으로써 상대방의 요청에 직접적으로 맞서고 있다는 인상을 피하고 있는 것이다.

(8) 3월 9일 (John Dolan: FBI, Rachel: 요주의 인물)
1 JOHN DOLAN: Okay. We got to get her out of there. You and I both
2　　　　　　　got to get -- you, me, and David have got to get her
3　　　　　　　out of there and get that finger treated.
4 RACHEL:　　Um-hum. **Well**, I'll tell her --

다음 예문 (9)에서는 FBI측이 *well*을 어떻게 사용하는지 보여주고 있다. (울안으로 들어오기를 원하는 의사가 있을지라도 FBI측에서 이를 반대할 것이라는) Rachel의 논쟁에 대해서 3번 줄에서 John은 직접적으로 거부하는 대신에 일종의 분산효과로서 *well*을 사용한다. FBI측이 의사를 울안으로 들여보내려고 하는지의 여부에 대해서 직접적으로 응답하는 대신에 왜 들여보내는 것이 가능하지 않은지를 제시함으로써 대놓고 상대방의 의견에 반박하기를 피하고 있다. 여기에서 주목할 점은 담화표지 *well*이 해명/설명과 더불어 쓰이면서 또한 상호 이해를 추구하는 데에 쓰이는 담화표지 *you know*가 더불어 나타난다는 것이다. 이는 *well*을 사용하는 화자는 상대방이 해당 안건에 대해서 동의하지 않을 것이라는 판단에도 불구하고 상대방과 여전히 우호적인 용어를 사용하기를 원한다는 것이다[49]

(9) (3월 9일) (John Dolan: FBI, Rachel: 요주의 인물)

1 RACHEL: I think if you found someone that wanted to, you guys
2   wouldn't let them come in. That's what I think.
3 JOHN DOLAN: **Well**, it's a question of safety, you know, and let's
4   just --
5 RACHEL: What I'm saying, if there was honestly someone out
6   there who was willing — a physician who was willing
7   to come in here and help her, you guys would not let
8   them. I don't think you would.
9 JOHN DOLAN: **Well**, let's just say that a physician did go in and,

---

49   Hong(2015)에 따르면 FBI는 대화를 좀더 부드럽게 하기 위해서 담화표지 *well*을 자주 사용하는데 이는 결과적으로 인질범을 달랠 가능성을 높이게 된다는 것이다.

10	and something happened to him and that he were hurt
11	that, you know, there'd be a huge question of, of who
12	caused him to get hurt and huge liability issue and all
13	kinds of that. And you know --

<표 3>의 4월 18일자 데이터에 대해서 논의하자면 비협조적인 태도를 예비하는 데에 쓰인 *well*은 FBI가 68% 그리고 다윗파가 32% 사용한 것으로 관찰되었다. FBI는 다윗파(특히 교주인 Koresh)에 대해서 퉁명스러운 비동의를 표현하는 대신에 Koresh와 FBI 사이의 대화가 상당히 적대적인 국면으로 내달을 때- 특히 Koresh가 자기네 울안을 공격해서 해를 입힌 정부측 장군들의 행위를 비난하고 외부인들이 자기네 모임을 부적절한 종교적 숭배적 집단으로 잘못 묘사하고 있다고 비난할 때- 양측사이의 대립을 완화시키는 방편으로 *well*의 사용에 의존하고 있다.

서로간의 갈등/대립이 심화되면서 Koresh보다는 FBI 협상가들이 완화기제를 더 자주 사용하고 있음을 주목할 필요가 있다. 이는 부분적으로는 협상가들이 상대방의 요청을 직접적으로 거부하지 말라고 훈련받았기 때문이기도 하지만 위기 협상 데이터를 보면 여태까지 서로 논의해 온 것들이 뭐든지 간에 여전히 양측 다 수긍할 수 있는 좋은 결과로 이를 수 있는 가능성이 남아있음을 요주의 인물들로 하여금 깨닫게 하려는 것으로 해석된다.

예문 (10)에서는 Henry가 Koresh로 하여금 교착상태를 끝내라고 종용하고 있다. 10번 줄에서 Koresh는 상대방이 요청을 단칼에 거부하고 있는데("I don't think so"), 이는 결과적으로 12번 줄에서 Henry가 이를 다시 한 번 거부하도록 만들고 있다. 여기에서 상대방에게 대놓고 반대하는 대신에, Koresh가 앞서 했던 말을 긍정으로 바꿔서 반복할 때조차도 (I don't think → I think) well을 사용하여 대립을 완화시키고 있다. 여기에서 주목할 만한 것은 협상가가 선행 화자의 마지막 구절이나 주요 개념을 반복하는("they don't want that" vs. "that's what they want") 소위 '거울처럼 반사해서 보여주기'(mirroring)(Noesner & Webster 1997) 방식을 사용하고 있다는 것이다(Suh 2012 참조).

(10) (4월 18일) (Henry: FBI, Koresh: 요주의 인물)

```
 1 KORESH:  In all courtesies please, please impart that, because,
 2          because its coming to the point to where -- God in
 3          Heaven has someone to do also and it's just really
 4          coming to the point of really what, what do you men
 5          really want?
 6 HENRY:   I think what, you know, just ‑ this is -- I'm just
 7          imparting to you what my perception is and my
 8          perception is that, that what they want is they want
 9          you and everybody to come out, you know.
10 KORESH:  I don't think so. I think what they're showing is they
11          don't want that.
12 HENRY:   Well, I think that that's exactly what they want.
13 KORESH:  Well, they're not going to, they're not going to, they're
14          not going to get that --
```

때때로 well과 더불어 명료화가 따라 나올 수 있는데 이러한 명료화작업은 스토리텔링 맥락에서는 중립적인 태도를 나타낼 수 있지만 협상 맥락에서 선행 논쟁에 대해 부분적인 긍정으로 진행될 수도 있다(Muller 2004 참조).

(11) (4월 18일) (Henry: FBI, Koresh: 요주의 인물)

1 KORESH: You're the one who has violated --your generals have
2   violated our constitutional rights. You have made us guilty
3   before proven so. You actively brought a band of people
4   who didn't announce themselves. They came -- I was out
5   the front door. I was going to talk to them. They shot at
6   me first.
7 HENRY: See, now you're talking about, you're talking about ATF.
8 KORESH: About something you dont want to prove as a matter
9   of a fact. You're telling me now, you - now, you tell
10   me, I'm under arrest. I have to come out and I have to --
11 HENRY: *Well*, when somebody is under arrest that doesn't
12   mean that it, that you've already been proven guilty.
13   It just means that — charged.

Koresh는 다윗파 울안에 공격을 감행한 FBI의 행동을 잘못된 것이라고 비난하고 있는데 이는 명백하게 상대방에게 적대적인 태도를 드러내는 것이다. 이 맥락에서 *well*의 사용에 주목해보자. 즉 이전의 비난에 대해서 어떤 평가를 내리는 대신에 11번 줄에서 자기네 논쟁의 어떤 부분을 수정하고 명료화하고 있는데 이러한 명료화에 앞서 쓰이면서 *well*은 또한 약한 부정으로서의 역할을 수행하고 있다.

예문 (12)를 보면 Henry와 Koresh는 현재 다윗파 울안에 머물고 있는 개개인들이 실제로 자유롭게 울안을 떠날 수 있는지 여부에 대해서 격돌하고 있다. 즉 Koresh 주장은 그들은 충분히 자유롭게 그럴 수 있다는 것이고 이와는 반대로 FBI측은 그들이 떠날 수 있도록 정식으로 허가해달라고 Koresh를 설득하고 있다. 2번 줄에서 Koresh는 FBI의 요청에 대해서 응하지 않음을 충분히 강한 어조로 발화를 시작하다가("I'm not going to") 약간의 망설임 후에 울안의 사람들을 방출하는 문제에 대해서 상대방이 오해를 하고 있다는 말로 수정을 하고 있다. 이어지는 줄에서 Henry는 Koresh의 말을 그대로 반복하면서 Koresh를 반박하고 있다. 그러한 첨예한 대립 후에 Koresh는 *well*을 발화하면서 분한 감정을 드러내고 이어서 FBI에게 게임을 하고 있다고("playing [a game].") 비난을 이어가고 있다. 여기에서 조차도 Koresh는 *well*을 사용하고 있는데 이는 협상이 결렬되는 것을 피하려는 시도로 보여진다. 게임이라는 비유를 써가면서 Koresh는 여전히 대화를 유지하려는 노력을 보이는 것이다.

(12) (4월 18일) (Henry: FBI, Koresh: POI)

1 HENRY: Tell me that you're sending somebody out.
2 KORESH: I'm not going to — you don't -- see, you don't
3   understand about these people yet.
4 HENRY: And you don't understand about the people here yet
5   either.
6 KORESH: Okay. **Well**, if this is the way we want to play then we
7   come to a point to where --

8 HENRY: I'm not wanting to play anything.

9 KORESH: But you are playing.

10 HENRY: No I'm not. Im just --

2.6. 맺는말

이번 장에서는 담화표지 *well*이 위기협상 맥락에서 "유지가능한 비동의 기능(sustainable disagreement)"을 수행하는 것으로서 어떻게 쓰이는지를 살펴보았다. 질적인 연구와 양적인 연구를 사용하여 참여자 역할(FBI협상가측과 요주의 인물측) 및 협상의 강도(3월 9일과 4월 18일)에 따라서 *well*이 어떻게 다르게 사용되는지를 알아보았다.

담화표지 *well*의 기능으로서 크게 세 가지 기능인 협조적인 태도, 비협조적인 태도 그리고 중립적인 태도를 나타내는 것으로 크게 분류하였다. 특히 *well*이 앞에 붙어서 곧이어 비협조적인 태도가 나올 것임을 나타내는 기능에 주목하였는데 즉 양측이 대립하고 있으면서도 여전히 대화의 채널을 열어두고 대화가 단절되기를 원하지 않는 소위 "유지가능한 비동의" 상태에 머물러 있을 때 자주 사용되는 기능이다.

*Well*의 분포 및 담화기능은 두 종류의 데이터에서 다른 것으로 관찰되었다. 협상의 여지가 그래도 있었던 3월 9일의 데이터에서 *well*은 다양하고 폭넓게 사용되었고 이에 반해 4월 18일 데이터에서는 완화하는 기능을 하는 *well*은 다소 제한적으로 사용되었다.

비협조적인 태도가 올 것임을 나타내는 *well*의 발화수반력은 또한 통번역 분야에서도 관심을 가질 수 있을 것이다. 즉 담화표지 *well*이 어떻게 처리되는지, 통역이나 번역에서 아예 생략되거나 또는 잘못 통/번역

되거나 한다면 같은 언어로 소통하지 않는 사람들 사이에 비동의 태도를 표현하는 발화수반력이 달라질 수도 있음을 통번역 하는 사람들은 인지해야 할 것이다.

위기 협상 맥락에서 소위 매우 중요한 하찮은 단어들, 즉 담화표지의 역할에 대한 우리의 이해를 깊이 함으로써 본 연구는 위기 협상을 맡고 있는 사람들에게 도움이 될 것으로 기대한다.

담화표지란
무엇인가

제6장

제언

Chapter 06

제언

　다양한 담화표지의 쓰임을 일상 대화와 제도 담화를 통해서 살펴보았다. 담화표지가 사회언어학적인 요소에 영향을 받는다는 점에서 (이미 Valspeak의 사용에서 언급했던 바와 같이) 사회언어학적 변인들- 나이, 성별, 사회계층, 인종- 과 담화표지 사용과의 상관적 관계를 살펴보는 것도 필요할 것 같다(e.g. Dines 1980; Dubois 1993; Holmes 1988).

　Bernstein(1971)의 연구에 따르면 자기중심적 표지인 *I think*는 중산층에 의해서 많이 사용된 반면 사회중심적인 표지인 *you know*나 *isn't it?*은 노동자계급에 의해서 더 많이 사용된다는 것이다. 또한 성별에 따라 담화표지의 기능에 차이를 보이는데, 여성들은 담화표지(예를 들면 *sort of*)의 대인/사회적 기능을 더 강조하는 반면에 남성들은 양태적 의미를 더 중시한다는 것이다. 최근에는 담화표지가 화자와 청자사이의 상대적인 힘의 차이와도 같은 사회언어학적 변인들과 관련이 있음을 보이는 연구들이 등장하고 있다. 예를 들면, 담화표지들은 교실에서 학생들보다는 선생님들에 의하여 더 많이 쓰임이 보고된 바 있다(Sinclaire & Coulthard 1975, Andersen 1997).

또한 어떤 표현의 어휘적 의미는 접어두고 새로운 화용적/담화적 의미를 창출해내는 데에 있어서 십대들이 종종 선봉에 서 있다는 점을 고려할 때, 십대들의 언어에서 담화표지가 어떻게 사용되는지를 연구하는 것도 재미있을 것 같다. 예를 들면 십대들의 언어에서 흔히 발견되는 담화표지의 용례 중에는 *like*가 인용보어로 쓰이거나(Romaine & Lange 1991), *just*가 강조어로 쓰이거나(Erman 1997, 1998) *well*이 강화어 (intensifier)로 쓰인 경우를 들 수 있다.

또한 영어에서 담화표지에 대한 연구는 주로 성인들의 언어를 대상으로 이루어져왔다고 할 수 있는데 최근에는 담화표지의 습득과 사회화과정에 대한 연구가 진행되고 있다. 최근 구어 자료(어른이 어린아이들에게 이야기하는) 분석에 따르면, 언어습득의 이른 시기에서부터 담화표지가 많이 사용되고 있으며 어른의 자료에서 관찰된 것과 비슷한 분포도를 가지고 있다는 것이다(Meng et al. 1991). 아이들한테 input으로 사용한 담화표지와 아이들이 실제 발화한 output과는 어떤 상관관계가 있는 것인지 또는 어른들이 아이들의 수준이나 연령에 따라 어떤 담화표지를 사용하는지 그리고 담화표지가 언어습득과정이나 언어사회화과정에 끼치는 영향은 무엇인지에 대한 연구도 앞으로 관심을 가져야 할 분야라고 할 수 있겠다.

이와 관련지어 담화표지의 연구는 또한 영어를 제2외국어로 배우는 학습자들의 언어를 대상으로 이루어 질 수 있다. 학습자들이 자주 사용하는 담화표지는 무엇이며 그 담화표지의 기능은 원어민과 어떻게 다른 것인지 또한 영어숙달도에 따라 어떤 차이를 보이는지 등이 연구대상이 될 수 있겠다. 이러한 연구를 위해서는 학습자들이 전형적으로 사용하는 담화표지의 사용을 원어민과 비교하는 작업이 있어야 할 것이다. 즉 (1) 학습자들이 원어민과 비교하여 어떤 표지를 더 사용하거나 혹은 덜 사용하는가? (2) 학습자들이 어떤 담화표지를 사용할 때 원어민과 같은 목적으로 사용하는지 혹은 다른 목적으로 사용하는가?(Wong 2000; Aijmer 2002; Park 2004; Suh 2013).

영어를 제2 외국어로 배우는 스웨덴 학습자들을 연구한 Aijmer(2002)에 따르면 공손성을 나타내거나 체면위협행위를 완화시키기 위해서 담화표지를 주로 사용하는 원어민과는 달리 학습자들은 불확실한 정보를 나타내거나 주저함을 보일 때 담화표지를 주로 사용하는데 이는 주로 제이언어 학습자가 부딪치는 의사소통에서의 어려움을 극복하는 책략으로 사용되는 경향이 있다는 것이다. 또한 대화의 공백을 메꾸기 위해서 담화표지 여러 개를 집단으로 사용하는 경향도 학습자의 특징으로 관찰되었다. 이는 다른 시각에서 관찰될 수도 있는데 학습자들이 담화표지를 사용하는 양상은 좀더 적극적인 관점에서 설명될 수 있다. 예를 들면 영어를 제이 외국어로 배우는 중국어 학습자가 *yeah*를 사용하는 양상은 학습자들이 "doing being nonnative"(Wong 2000)임을 보여줄 뿐아니라 학습자들이 대화에 전적으로 참여하여 어떻게 대화를 이끌어가려고 하는지를 보여준다고 할 수 있다(Suh 2013).

마지막으로 담화표지는 교차언어적 시각에서 연구될 수 있을 것이다. 예를 들면 영어, 일본어, 한국어에서 대조를 보이는 표지들이 어떻게 공히 비선호반응맥락에서 쓰이는지(Park 1998) 등에 관한 연구는 담화표지들이 교차언어적으로 어떤 공통점과 어떤 차이점을 가지고 있는지를 밝혀내는 데에 도움이 될 것이다. 나아가서 통역이나 번역맥락에서 흔히 간과하기 쉬운 담화표지의 기능과 의미를 찾아내는 데에도 일조할 것으로 기대한다.

참고문헌

찾아보기

참고문헌

Aarts, B. (1996). The rhetorical adverb *simply* in present-day English. In P, C, Meyer, C. F. & I. Lancashire (eds.). Synchronic corpus linguistics. Papers from the sixteenth International Conference on English Language Research on Computerized Corpora. 207-16. Toronto.

Aijmer, K. (1996). Conversational Routines in English: Convention and creativity. London & New York: Longman.

Aijmer, K. (2002). English Discourse Particles: evidence from a corpus. Amsterdam: John Benjamins Publishing Co.

Aijmer, K., Simon-Vandenberg, Anne-Marie (2004). A model and a methodology for the study of pragmatic markers: the semantic field of expectation. Journal of Pragmatics 36, 1781-1805.

Andersen, G. (2001). Pragmatic markers and sociolinguistic variation. Amsterdam/Philadelphia: John Benjamins Publishing Co.

Auer, P. (1996). The pre-front field in Spoken German and its relevance as a grammaticalization position. Pragmatics 6(3), 295-322.

Beach, W. (1993). Transitional regularities for 'causal' *Okay* usages. Journal of Pragmatics 19, 325-352.

Benus, S., A. Gravano, & J. Hirschberg. (2007). Prosody, Emotions and.

'whatever'. Proceedings of Interspeech, Bonn: ISCA. 2629-2632.

Bernstein, B. (Ed.). (1971). Class, codes and control. Vol.1. London: Routledge and Kegan Paul.

Biber, D. (1988). Variation across speech and writing. Cambridge: Cambridge University Press.

Blakemore, D. (1987). Semantic constraints on relevance. Oxford: Basil Blackwell.

Brinton L. J. (1996). Pragmatic Markers in English: Grammaticalization and Discourse Function. Berlin & New York: Mouton de Gruyter.

Brown, P. & S. C. Levinson (1987). Politeness: Some universals in language usage. Cambridge: Cambridge University Press.

Byron D. K. & P. A. Heeman. (1997). Discourse Markers Use in Task-oriented Dialogue, Proceedings of Eurospeech'97.

Channell, J. (1994). Vague Language. Oxford University Press. Cambridge.

Cho. J. (2011) *Like, Totally! Fer Shur!*. Final project for Pragmatics Semina. Hankuk University of Foreign Studies.

Cystal, D. & D. Davy (1975). Advanced conversation English. London: Longman.

Dine, E. (1980). Variation in discourse-*and stuff like that*. Language in Society 9, 13-31.

Dubois. S. (1993). Extenstion Particles, etc. Language Variation and Change, 179-203.

Duncan, S. (1972). Some signals and rules for taking speaking turns in conversations. Journal of personality and social psychology,

23(2), 283.

Edmondson, W. (1981). Spoken discourse: A model for analysis. London/New York: Longman

Enfield, N. J. (2003). The Definition of *WHAT-d'you-call-it*: Semantics and Pragmatics of Recognitional Deixis. Journal of Pragmatic 35, 101-117.

Erman, B. (1987). Pragmatic expression in English: A study of *you know, you see* and *I mean* in Face-to-face Conversation. Stockholm Studies in English 69. Stockholm: almqvist & Wiksell.

Erman, B. (1997). Guy's just such a dickhead: the context and function of *just* in teenage talk. In Kotsinas, Ulla-Britt, Anna-Malin Karlsson & Anna-Brita Stenström (eds.). Ungdomssprât i norden, 96-110. Stockholm: MINS.

Erman, B. (1998). 'just wear the wig innit!' From identifying and proposition-oriented to intensifying and speaker-oriented: grammaticalization in progress. In Haukioja, Timo (ed.). Papers from the 16th Scandinavian conference of linguistics, 87-100. Turku: Department of Finnish and General Linguistics of the University of Turku.

Fox, B. M. Hayashi & R. Jasperson (1996). Resources and repair: A cross-linguistic study of syntax and repair. In E. Ochs et al. Interaction and Grammar, 185-37. Cambridge, UK: Cambridge University Press.

Fox Tree, JE, & Schrock, JC (2002). Basic meanings of *you know* and *I mean"*. Journal of Pragmatics 34, 727-747.

Fraser, B. (1988). Types of English discourse markers, Acta linguistica

Hungarica 38: 19-33.

Fraser, B. (1996). Pragmatic markers. Pragmatics 6(2), 167-190.

Fraser, B. & M. Malamud-Makowski (1996). English and Spanish contrastive discourse markers. Language Sciences 18(3-4), 863: 881.

Fromkin, V. (Ed.). (1973). Speech errors as linguistic evidence (pp. 243-269). The Hague: Mouton.

Furkó, B. P. (2007). The status of *of course* as a discourse marker. In HUSSE 8 Conference Proceedings.

Furkó, P., & Abuczki, Á. (2014). English discourse markers in mediatised political interviews. Brno Studies in English 40(1), 45-64.

Greasley P. (1994). An investigation into the use of the particle *well*: commentaries on a game of snooker. Journal of Pragmatics 22(5), 477-494.

Haiman, J. ms., Repetition and Identity, Macalest College.

Hale S. (1999). Interpreters' treatment of discourse markers in courtroom questions. Forensic Linguistics 6(1), 1350-1771.

Halliday, M. A. K. (1985). Introduction to Functional Grammar. London: Edward Arnold.

Halliday, M. A. K., & Hasan, R. (2014). Cohesion in English. Routledge.

Hansen Mosegaard, M.-B. (1998). The function of discourse particle. A study with special reference to spoken standard French. Amsterdam/Piladelphia: John Benjamins Publishing Company. 83-96.

Heritage, J. (1984). A change-of-state token and aspects of its sequential placement. In Atkinson, J. M. & J. Heritage (eds.). Structure of social action. Studies in conversation analysis. Cambridge: Cambridge University Press.

Hölker, K. (1991). Französisch: Partikelforschung[Research on French particles]. Lexikon der Romanistischen Linguistik [Lexicon of Romance Linguistics], 6Tübingen: Niemeyer, 77-88

Holmes, J. (1986) Functions of *you know* in women's and men's speech. Language in Society 15(1), 1-22.

Holmes, J. (1984). Modifying illocutionary force. Journal of pragmatics, 8(3), 345-365.

Holmes, J. (1988) Sort of in New Zealand women's and men's speech. Studia Linguistica 42(2), 85-121.

Holmes, J. (2013). Women, men and politeness. Routledge.

Hong, J. (2015). *Well* as a discourse marker in hostage negotiation. Unpublished course paper, Hankuk University of Foreign Studies.

Hopper, P. J. (1991). On some principles of grammaticalization. In Traugott, E.C. and B. Heine (eds.). Approaches to grammaticalization (2 vols.), 17-35. Amsterdam: John Benjamins Publishing Company.

Hopper, P. J. & E. C. Traugott. (1993). Grammaticalization. Cambridge: Cambridge University Press.

Hulquist, M. (1985). The adverb *just* in American English usage. Unpublished MA thesis in TESL, UCLA.

Innes B. (2010). Well, that's why I asked the question sir: *well* as a discourse marker in court. Language in society 39, 95-117.

Jucker, A. H. & Y. Ziv. (Eds.) (1998). Discourse markers: Description and theory. Amsterdam: John Benjamins.

Jucker, A. H., & Smith, S. W. (1998). And people just you know like 'wow': Discourse markers as negotiating strategies. Pragmatics and Beyond New series, 171-202.

Jucker, A. H., S. W. Smith & T. Ludge. (2003). Interactive aspects of vagueness in conversation, Journal of Pragmatics 35, 1737-1769.

Keller, E. (1979) Gambit: Conversational strategy signals, Journal of pragmatics 3, 219-238.

Keller, E. & S. T. Warner. (1979). Gambit 2: Links. Public Service Commission of Canada, Minister of Supply and Services, Language Training Branch.

Kleiner, B. (1998). *Whatever*-Its use in 'Pseudo-argument. Journal of Pragmatics 30, 589-613.

Lakoff, R. (1973). The logic of politeness, or minding your p's and q's. Papers from the 9th Regional Meeting, Chicago Linguistic Society, 292-305. Chicago: Linguistic Department, University of Chicago.

Lehmann, C. (1985). Grammaticalization: synchronic variation and diachronic change. Lingua e still 20(3), 303-18.

Lenk, U. (1998). Marking discourse coherence. Functions of discourse markers in spoken English, Tübingen: Genter Narr Verlag.

Levinson, S. C. (1983). Pragmatics. Cambridge: Cambridge University Press.

Meng, K, B. Kraft & U. Nitsche (1991). Komunikation im Kindergarten. Berlin: Academic Verlag.

Merritt, M. (1980). On the use of *OK* in service encounter, In R. W. Shuy & A. Shunkal (eds.). Language use and the uses of language, 162-172. Washington, D. C.: Georgetown University Press.

Miller, L. (2005). Hostage negotiation: psychological principles and practices. International Journal of Emergency Mental Health 7(4), 277-298

Muller, S. (2004). Discourse Markers in Native and Non-native English Discourse. Amsterdam: John Benjamins Publishing Company

Noesner, G. W. & Webster, M. (1997). Crisis Intervention: Using active listening skills in negotiations. FBI Law Enforcement Bulletin 66(8), 13-19.

O'Barr, W. & Atkins B. K. (1980). Women's language' or 'powerless language?. In S. McConnel-Ginet, Boker & Spooren (eds.). Women and Language in Literature and society, 93-110. New York: Praeger.

Oh, S-Y. (2000). *Actually* and *in fact* in American English: a data-based analysis, English Language and Linguistics 4(2), 243-268. Cambridge: Cambridge University Press.

Östman, J. O. (1981). *You know*: A discourse functional view. Pragmatics and Beyond II:7. Amsterdam: John Benjamins.

Ostman, J. O. (1982). The Symbiotic Relationship between Pragmatic Particles and Impromptu Speech.

Östman, J. O. (1995). Pragmatic particles twenty years after. Organization in discourse: Proceedings from the Turku Conference. In Warvik, B S.-K. Tanskanen, & R. Hiltunen (eds), 95-108. University of Turku, Turku, Finland.

Owen, M. (1981). Conversation units and the use of *well*. In P. Werth (ed.). Conversation and discourse: Structure and interpretation, 99-106. London: Croom Helm.

Park, Y. Y. (1998). A Discourse Analysis of Contrastive Connectives in English, Korean, and Japanese Conversation: With Special Reference to the Context of Dispreferred Responses. PRAGMATICS AND BEYOND NEW SERIES, 277-300.

Park, Y.Y. (2004). Nonnative speakers' use of *yeah* in English spoken discourse. Discourse and Cognition 11(3), 85-105

Parrot, M. (2002). Grammar for English Language Teachers. Cambridge University Press

Pomeranz, A. (1984). Agreeing and disagreeing with assessments: Some features of preferred/dispreferred turn shapes. In J. M. Atkinson & J. Heritage Structures of Social actions, Heritage (eds.). 57-101. Cambridge: Cambridge University Press.

Pond, M. (1982). Valley Girls' guide to life. New York, Dell Publishing Co. Press.

Quirk, R, S, Greenbaum, G. Leech & J. Svartvik (1985). A Comprehensive grammar of the English language, London/New York: Longman.

Redeker, G. (1990). Ideational and pragmatic markers of discourse structure, Journal of Pragmatics 14, 367-381.

Romaine, S. & D. Lange (1991). The use of *like* as a marker of reported speech and thought: a case of grmmaticalization in progress. American Speech 66(3), 227-279.

Sacks, H., Schegloff, E. A., and G. Jefferson. (1974). A simplest systematics for the organization of turn-taking for conversation. Language 50, 696-735.

Sai-Hua Kua (1994). Agreement and disagreement strategies in a radio conversation. Research on Language and Social Interaction 27, 95-122.

Schegloff, E. A. (1982). Discourse as an interactional achievement: some uses of "uh huh" and other things that come between sentences. In D. Tannen (ed.). Georgetown University Roundtable on Languages and Linguistics, 71-93. Washington DC: Georgetown University Press.

Schegloff, E. A. & H. Sacks. (1973). Opening up closings. Semiotica 7, 289-327.

Schegloff, E. & Lerner, G. H. (2009). Beginning to respond: *Well*-prefaced responses to Wh-questions. Research on Language and Social Interaction 42(2), 91-115.

Schegloff, E. A., & Lerner, G. H. (2009). Beginning to respond: Well-prefaced responses to wh-questions. Research on language and social interaction, 42(2), 91-115.

Schiffrin, D. (1981). Accountability in discourse analysis: the case of *now*. Paper read at New Ways of analyzing Variation in English X, 10/24/81, Philadelphia, Pensilvania.

Schiffrin, D. (1987). Discourse Markers. Cambridge: Cambridge University

Schiffrin, D. (1990). Conversation analysis. Annual Review of Applied Linguistics, 11, 3-16.

Schleppegrell, M. (1991). Paratactic *because*. Journal of Pragmatics 16,

323-337.

Schourup, D. (1985). Common discourse particles in English conversation. New York & London: Garland Publishing, Inc.

Schourup, D. (1999) Discourse markers. Tutorial overviews. Lingua 107, 227-65.

Schourup, D. (2001) Rethinking *well*. Journal of Pragmatics 33, 1026-60.

Sinclair, J. and Coultard, R. (1975). Towards an Analysis of Discourse. Oxford: Oxford University Press.

Stenstrom, A-B. (2000). It's enough funny, man: intensifiers in teenage talk. Corpora galore: analysis and techniques in describing English. 177-190. Amsterdam: Rodopi 2000)

Stubbs, M. (1983). Discourse analysis: The sociolinguistic analysis of natural language. (Language in Society Series 4) Oxford: Basil Blackwell.

Stubbe, M., & Holmes, J. (1995). You know, eh and other 'exasperating expressions': An analysis of social and stylistic variation in the use of pragmatic devices in a sample of New Zealand English. Language & Communication 15(1), 63-88.

Suh, K. H. (2002). The Korean sentence-final marker *cianha* in conversational discourse. The Sociolinguistic Journal of Korea 10(2), 283-309.

Suh, K. H. (2003). From Unknown to Unspeakable: *Mwe* as a Stance Marker in Korean Conversation. The Sociolinguistic Journal of Korea 11(2), 137-160.

Suh, K. H. (2011). The Social meanings of discourse markers in Valspeak: *like* and *totally*. Journal of British and American

Studies 25, 157-186.

Suh, K.H. (2012). Repeating the interviewer: Repetition strategies by Chinese EFL Learners in NS-NNS Interview. Sociolinguistic Journal of Korea 20(2), 269-289.

Suh, K.H. (2013). *yeah* in NS-NNS interaction. The Sociolinguistic Journal of Korea 21(2), 123-49.

Suh, K.H. (2015). 'Sustainable Disagreement': *well* as a Discourse Marker in Crisis Negotiations. The Sociolinguistic Journal of Korea 23(2), 131-160.

Suh, K.H. (2016). *I mean* as a Marker of 'Interpersonal Repair' in Crisis Negotiation'. The Sociolinguistic Journal of Korea 24(3), 223-247.

Suzuki, S. (1998). *Tte* and *Nante*: Markers of Psychological Distance in Japanese Conversation. Journal of Pragmatics 29, 429-462.

Svartvik, J. (1980). *Well* in conversation. Studies in English linguistics for Randolph Quirk, 167-77. London: Longman.

Szczyrbak, M. (2014). Pragmatic marker use in police interviews: The case of *I mean* and *You know* (Part 1). Studia Linguistica Universitatis lagellonicae Cracoviensis 131, 282-297.

Szczyrbak, M. (2014). Pragmatic marker use in police interviews: The case of *I mean* and *You know* (Part 2). Studia Linguistica Universitatis lagellonicae Cracoviensis 131, 371-379.

Tognini-Bonelli, E. (1993). Interpretative nodes in discourse: *Actual* and *actually*. Text and technology: In honour of John Sinclair, 193-212.

Traugott, E.C. (1995a). The role of the development of discourse markers in a theory of grammaticalization. Paper given at ICHI, XII, Manchester.

Traugott, E.C. (1995b). Subjectification in grammaticalization, In D. Stein & S. Wright (eds.). Language, sujectivity and subjectification. Cambridge: Cambridge University Press.

Watts, R. (1989). Taking the pitcher to the *well*: Native speakers' perception of their use of discourse markers in conversation. Journal of Pragmatics 13, 203-260.

Wong, J. (2000). The token *yeah* in nonnative speakers English conversation. Research on Language and Social Interactionn 33(1), 39-67.

Wong, S. (2012). A Study of discourse marker in hostage negotiation language based on relevance theory. Unpublished master's thesis, China University of Petrolem.

Dictionary of English Language and Culture, Longman. 1992.

김태엽 (2002). 담화표지되기와 문법화. 우리말글 26.

서경희 (2008). *Whatever*의 표현적 기능. 영미연구 18, 99-130.

이성하 (1998). 문법화의 이해, 한국문화사

이예지 (2007). *Whatever* as a Discourse Marker in Spoken American English. 화용론과 영어교육 기말프로젝트, 한국외국어대학교. 2007.

홍혜진 (2015). 담화표지 well의 번역양상연구. 화용론 세미나 기말 페이퍼, 한국 외국어대학교

인터넷 싸이트

http://en.wikipedia.org

http://www.las.umich.edu/eli/micase

http://www.urbandictionary.com

http://www/lextutor.ca/concordancers/concord_e.html

찾아보기

담화표지란 무엇인가

ⓒ 서경희, 2024

1판 1쇄 인쇄__2024년 10월 20일
1판 1쇄 발행__2024년 10월 30일

지은이__서경희
펴낸이__홍정표
펴낸곳__글로벌콘텐츠
　　　　등록__제25100-2008-000024호

공급처__(주)글로벌콘텐츠출판그룹
　　　　대표_홍정표　이사_김미미　편집_백찬미 강민욱 홍명지 남혜인 권군오　기획·마케팅_이종훈 홍민지
　　　　주소__서울특별시 강동구 풍성로 87-6
　　　　전화__02) 488-3280　팩스__02) 488-3281
　　　　홈페이지__http://www.gcbook.co.kr
　　　　이메일__edit@gcbook.co.kr

값 20,000원
ISBN 979-11-5852-507-1　93700

※ 이 책은 본사와 저자의 허락 없이는 내용의 일부 또는 전체의 무단 전재나 복제, 광전자 매체 수록 등을 금합니다.
※ 잘못된 책은 구입처에서 바꾸어 드립니다.